ネイティブの子供を手本にすると
英語はすぐ喋れる
速習CDブック

Yoichi Hareyama 晴山陽一

青春出版社

はじめに
子供は「シチュエーション」から言葉を学ぶ！

　本書は大反響の青春新書『ネイティブの子供を手本にすると英語はすぐ喋れる』の速習CDブック版です。

　この本が多くの人に受け入れられた理由は、世の中にあふれる何百何千という英語本のどれとも異なるユニークな視点で書かれていたからだと思います。

　その視点とは、「**ネイティブの子供が英語を獲得するプロセスを参考にして英語を学ぼう**」というもの。ネイティブの母語の獲得の過程をたどっていくと、われわれの英語学習のヒントをたくさん得ることができます。

　まず、第一に肝に銘じなくてはならないのは、**子供は「音」だけで言語を獲得する**、という事実です。赤ちゃんや幼児は字が読めません。しかし、耳から入る「音」だけで、母語が話せるようになるのです。これは、かつて文字のない時代に言語が成立したことを思えば、何も不思議なことではないのですが、文字を通して外国語を学ぶわれわれは、うっかりすると、そのことを忘れがちです。

　第二に重要なのは、**子供たちは教科書や文法書を読んで母語が話せるようになるわけではない**、ということ。彼らは親とのやりとりを通して母語を覚えます。日本人がいちばん苦手とする仮定法だって、知らぬ間に正しく使えるようになっているのです（11ページ参照）。親が、「今週は仮定法の勉強をしましょうね」などと言うはず、ありません。

はじめに

　むしろ、子供は「シチュエーション」から言葉を学ぶ、と言ったほうがはるかに真実に近いでしょう。日常的に出会うさまざまなシチュエーションを通して子供が自然に言葉を覚える過程を、私は10段階に分けて考えました（16ページ参照）。この考察が、本書のベースになっています。ざっと予習しますと、10のステップとは次の通りです。

《赤ちゃん期》………1歳くらいまで
　第1段階　言葉を発する
《幼児期》…………4歳くらいまで
　第2段階　自分の意思・欲求を相手に伝える
　第3段階　相手に尋ねる
　第4段階　相手に答える
《子供期》……………10歳くらいまで
　第5段階　相手に働きかける
　第6段階　自分の気持ちを表す
　第7段階　自分について述べる
　第8段階　第三者について述べる
　第9段階　思う・考える
　第10段階　分析する・判断する

　つまりこの本は、子供が言葉を獲得するのと同じ順番で英語を学び直してみようという、前代未聞の試みなのです。
　さて、本書は「速習CDブック」版ですが、付属のCDは、単に聞くためのものではなく、すべて簡単なトレーニングになっています。**日本語の音声のあとのポーズの間に自分で英語を**

言い、ポーズのあとのネイティブの発音で確認する形になっています。音を通じて英語を学ぶ本書の方法は、文字だけから学ぶやり方に比べ、ずっとネイティブの学び方に近いのです。英文の吹き込みは、ナレーションの第一人者である、キンバリー・フォーサイスさんにお願いしました。表情たっぷりの発音は、とても参考になります。簡単な練習を通じて、すばらしい英語発音に触れることのできるCDです。ぜひお楽しみに！

　では、本書と付属のCDを使って、これまで日本にはなかった新しい英語学習法を、心ゆくまで堪能してください。

2009年9月　晴山陽一

ネイティブの子供を手本にすると英語はすぐ喋れる
速習CDブック

CONTENTS --

はじめに
子供は「シチュエーション」から言葉を学ぶ！ *3*

INTRODUCTION
ネイティブの子供はいかにして英語を身につけるのか ……………… 9

英語が話せるようになる「10のステップ」………………… 27

Step 1 CD1-3
言葉を発する　*28*

Step 2 CD4-10
自分の意思・欲求を相手に伝える　*34*

Step 3 CD11-23
相手に尋ねる　*48*

Step 4 CD24-26
相手に答える　*74*

Step 5 CD27-39
相手に働きかける　*78*

Step 6 CD40-50
自分の気持ちを表す　*104*

Step 7 CD51-63
自分について述べる　*126*

Step 8 CD64-67
第三者について述べる　*152*

Step 9 CD68-73
思う・考える　*158*

Step10 CD74-78
分析する・判断する　*170*

■[速習CDブック]版の使い方

　CDを使った練習は、各ページの「**CDで力試し**」のコーナーでチャレンジしていただきます。練習は基本的に次の2形式です。

１．いたい！　　O_____!
２．やってみます。　　I'll (it / give / a try).

　1は、頭文字に続く部分を補って英単語を言います。
　2は、（　　）の中の言葉を入れ替えて、正しい英文を言います。
　どちらの場合も、日本語の音声のあと2～3秒のポーズがありますから、その間に英語を言い、そのあとのネイティブの発音で確かめてください。なお、正解の英文は、必ず本文の中で先にお見せしているので、抜き打ちのテストではありません。どうかご安心ください。
　スラスラ英語が出てくるようになるまで、何度も練習してください。

［CD収録時間／約78分］

校正協力　山口晴代
カバー写真　PPS
本文イラスト　タニグチコウイチ
デザイン・DTP　ティープロセス

INTRODUCTION
ネイティブの子供はいかにして英語を身につけるのか

INTRODUCTION

あなたの「英語年齢」は？

　青春新書『ネイティブの子供を手本にすると 英語はすぐ喋れる』を読んで、多くの人がいちばん驚き、そして納得したのは、次の一文だったようです。

——日本人の大半の「英語年齢」は、正直なところ、2歳か3歳ということになりましょうか。——

　これを読んで、「やっぱりそうだったんだ！」と納得し、むしろスッキリしたという人が多かったようです。「もう英語なんかあきらめよう」という悲観的な声は聞かれませんでした。
　この一文が出てくる部分を少し抜粋してみましょう。
『**ダーリンは外国人**』シリーズの大ヒットで知られる漫画家、小栗左多里(さおり)さんは、あるとき、パートナーのトニーさんから、そろそろ海外移住を考えてみないか、と持ちかけられます。そこで、小栗さんは一念発起、「英語学習」を始めることを決意し、トニーさんに、「私って、ネイティブでいうと何歳くらいなんだろう？」と尋ねます。この質問に対するトニーさんの答えは、「ん！……3歳でどうかな？」というにべもないものでした。しかし、小栗さんは、「英語年齢は3歳」の烙印に怒るでもなく、正直にこう告白しています。この力の抜け方が、小栗さんの人気の秘密なのでしょう。

——しかし、3歳と判定してはもらったものの、実は2歳の子と話しても、私のほうが話せていないんですよね。(中略)「3歳からの出発」。これ、実年齢に追いつく日は来るのか!?——

「英語年齢」に関しては、英語本を何十冊も書いている私も、実は小栗さんとあまり変わりません。成田空港でアメリカ人家族の会話に耳を傾けていたことがあるのですが、3、4歳の子供の「ペラペラ英語」に心底脅威を感じましたから。

　第一、発音がいい。それに、兄弟や親に向かって何の苦労もなく言いたいことを言っている！　自由自在とはこのことです。となると、日本人の大半の「英語年齢」は、正直なところ、2歳か3歳あたり！ということになるのです。

たった4歳の女の子の詩

　さて、「はじめに」の中で、ネイティブの子供は知らぬうちに仮定法も身につけてしまう、という話をしました。この話には、ちゃんと証拠があります。

　次にお見せするのは、『オブザーバー』紙主催の子供の詩のコンクールで入賞した、たった4歳の女の子の O Moon O Moon という詩の一部です『SEA in my mind』(PUFFIN BOOKS, 1990 所収)。後ろに私の訳を付けておきました。

O Moon O Moon
I wish you were so low
that I could stroke you.
Then we could go to the park and play.（中略）
We could stay up all night.
You could make the light,
because you are the moon.

INTRODUCTION

お月様　お月様、
あなたがうんと低いところにいたらいいのに。
そしたら、あなたに触れられるもの。
それから一緒に公園に行って遊べるわ。（中略）
私たち、一晩中起きていられるわ。
あなたは光をつくることができるでしょ。
だって、あなたは月ですもの。

　なんとも可愛らしい詩ですが、この詩を読むと、たった4歳でも仮定法を自由に使いこなしていることが、わかります。残念ながら、われわれ日本人にはなかなかこうは書けません。nightとlightが韻を踏んでいるところなど、大人も顔負けです。

子供たちの「ひとりごと」集
　小さな子供がいかに生き生きと英語を使っているか、もう少し実例をご覧にいれましょう。今度は、『Small Talk』(Nanette Newman, Ebury Press, 1999) という本から引用します。4歳から7歳までの子供の書いた可愛い「ひとりごと」を順に見ていきましょう。

I want to swap my sister for something better.（4歳）
（僕は妹をもっといいものと取りかえたいです）

I am helping my Mummy choose my next Daddy.（5歳）
（私はお母さんが新しいお父さんを探すのを手伝っています）

I saw Jesus in the supermarket once. He was giving away soap powders.（6歳）
（私はスーパーで一度イエス様を見ました。粉石けんを配っていました）

You should never love someone you don't like much.（7歳）
（あまり好きではない人を愛してはいけません）

　これらはすべて子供の自筆で本に収められています。4、5歳の子供でもこれだけの文を手書きできるというのは驚きです。これを見ると、4歳で「不定詞」を、5歳で「現在進行形」を、6歳で「過去進行形」を、7歳で「助動詞 should」と「関係代名詞の省略」を難なく使いこなしていることがわかります。と言っても、文法知識をこねまわして書いたのではなく、思うがままに書いたもの。つまり、子供は文法を意識すらせずに、文を書いているのです。
　それにしても、7歳の子供の「あまり好きではない人を愛してはいけません」という言葉は、なかなか含蓄があります。大人でも、こうスパッとは言い切れないものです。
　では、ここで、生まれたときから、子供がどのようにして言葉を獲得するのか、ちょっとトレースしてみることにしましょう。

赤ちゃんから幼児へ
　お腹の中の赤ちゃんは、母親の発する言葉や歌を聞いて育ち

INTRODUCTION

ます。しかし、羊水の中に浮いた状態の胎児は、ぼんやりと鈍く響く音の流れしか聞くことができません。つまり、クリアな発音の英語を聞いているわけではなく、ぼんやりとしたリズムとして英語を聞いているのです。しかし、胎内にいる間に英語のリズムに浸っていることは、生まれたあとの言語の獲得に決定的な働きをします。

ぼんやりとした響きだった音のかたまりが、やがてクリアに分節された音の連続に変わり、その音に意味や言葉のルールが乗っかる形で、次第に母語が形成されていくのです。赤ちゃんが生まれたのちに最初に経験するのは、胎内で聞いていたリズムが次第に明確な「音」に変わり、その「音」と「意味」が重なり合っていくプロセスです。

では、英語を話す過程はどのように発達するのでしょうか。私は、数多くの文献に目を通し、英語を話すプロセスは《10段階》を通して発達するのだ、という結論に達しました。本書は、このネイティブの子供が英語を話せるようになる順番で英語を学ぶとどうなるか、を実践した結果です。もちろん詳しい説明は後ほどいたします。

あなたは、これまで学校や本で、さまざまな英語学習法を試してこられたと思います。でも、「子供が英語を話せるようになる順番で学ぶ」のは初めてだと思います。この《**英語「再学習」のプログラム**》は、本書の中核となる 27 ページ以降のパートで扱います。

では、前置きはこれくらいにして、そろそろ本論に入っていくことにしましょう。

言葉の3大機能

さあ、いよいよ本書の中心テーマに入っていきたいと思います。まずは、「言葉の3大機能」という話から始めます。

私は、言葉というものが持つ最も基本的な役目は、次の3つだと考えています。

まず、自分の気持ちや考えを相手に**伝える**こと。
2番目に、相手に何かを**尋ねる**こと。
3番目に、相手の質問に**答える**こと。

この3つです。まとめて箇条書きすると、次のようになります。

言葉の3大機能
①伝える
②尋ねる
③答える

この点に異論のある方は少ないと思います。人間の会話は、基本的には、「伝える、尋ねる、答える」という言葉の3大機能によって成り立っているのです。

ですから、子供が言葉を獲得するというのは、まずこの「3大機能」を身につけ、それを次第に深化・応用していく過程と見ることができます。では、そのプロセスを、子供の発達という時系列の中で位置づけると、どのようになるでしょう。すでに「はじめに」の中でも書きましたが、私の分析結果は、以下の通りです。

INTRODUCTION

《赤ちゃん期》 ……… 1歳くらいまで

第1段階　言葉を発する

《幼児期》 …………… 4歳くらいまで

第2段階　自分の意思・欲求を相手に伝える

第3段階　相手に尋ねる

第4段階　相手に答える

《子供期》 …………… 10歳くらいまで

第5段階　相手に働きかける

第6段階　自分の気持ちを表す

第7段階　自分について述べる

第8段階　第三者について述べる

第9段階　思う・考える

第10段階　分析する・判断する

　順に説明していきましょう。

(1) 第1段階の「言葉を発する」は、生まれたての赤ちゃんの時期です。言葉にならない声を出しながら、次第に母語の「音」を覚えていきます。そして、「音」に「意味」があることに気づいていきます。

(2) 第2段階から第4段階は、幼児期（2〜4歳）にあたります。母語の基礎が出来上がる時期と言っていいでしょう。よく見ると、順に「伝える、尋ねる、答える」と「言葉の3大機能」を身につける時期であることが、おわかりいただけると思います。

「自分の意思・欲求を相手に伝える」(第2段階)
「相手に尋ねる」(第3段階)
「相手に答える」(第4段階)

　言い方を変えると、「伝える、尋ねる、答える」という言葉の基本機能を身につけると、母語の基礎は完成するのだ、とも言えるでしょう。

⑶ 第5段階以降は、「母国語が完成する」10歳ころまでを想定しています。
　第5段階の「相手に働きかける」から、第10段階の「分析する・判断する」まで、すべて「言葉の3大機能」を深化・応用していくプロセスなのです。たとえば、第9段階の「思う・考える」や最後の「分析する・判断する」の中には、第3段階の「尋ねる」という基本機能が生かされています。すなわち、「なぜだろう？」とか「どうしてかしら？」という問いを自分に向けることから、考えや判断は生まれるからです。

　本書のメインとなる次のパートでは、これらの10ステップを再体験する形で、英語を学び直していただくことになります。
　これで、ネイティブが言葉を獲得する10ステップについての基本的な説明を終わりますが、このような抽象的な説明だけではなかなかイメージが湧かない、という読者が大半だと思います。そこで、これから具体的な事例を通して「言葉の発達」を、より鮮明にしていきたいと思います。

INTRODUCTION

　私が素材に選んだのは、『**アメリカの子供はどう英語を覚えるか**』（シグリッド・H・塩谷著、祥伝社刊）という本です。ネイティブの子供の言葉の獲得のプロセスを、これほど生き生きと描き出した本は他にないからです。

　では、この本に収められている、娘のジーナちゃんの言葉を手がかりにして、子供が言葉を獲得していく10のステップを、具体例を通して順に観察していきたいと思います。

■第1段階■　言葉を発する（赤ちゃん期）

【具体例】
ba ba ba（バー、バー、バー）
ma ma ma（マー、マー、マー）
da da da（ダー、ダー、ダー）

　ジーナちゃんは、2歳までは日本にいたので、赤ちゃんのときの発語には、日本語の要素も含まれています。「バー、バー」は日本語の「ばあばあ」を模したのかもしれませんし、あるいは、英語の bird の原初的な発音だったのかもしれません。「マー、マー」は mama に、「ダー、ダー」は daddy に移行していく音であることは、容易に見てとれます。これが、言葉を発するという第1段階の具体例です。

■第2段階■　自分の意思・欲求を相手に伝える（幼児期）

【具体例】

Want juice!（ジュース欲しい！）
I want to go to the park.（公園に行きたーい）
I hope Santa brings me lots of presents!
（サンタさんがたくさんプレゼントをくれるといいな！）

　I want to go to the park.という完全文が言えるようになるまでに、ジーナちゃんは、Go park!（公園行く）、Want go park!（公園行きたーい）、Gina want go park!（ジーナ公園行きたい）、Gina wants go to park!（ジーナ公園に行きたい）のように、さまざまな言い方を「遍歴」したそうです。しかし、幼児期が終わるころには、不定詞を正しく使って I want to go to the park.と言えるようになっています。

■第3段階■　相手に尋ねる（幼児期）

【具体例】
Are you sick?（具合悪いの？）
Mommy, didn't you notice me under the bed?
（ママ、私がベッドの下にいるって気づかなかったの？）
May I use the swing after you?
（次にブランコを使っていいかしら）

　Mommy, didn't you notice me under the bed? はお母さんとかくれんぼをして遊んでいるときの言葉です。notice という高級（？）な単語を、さりげなく使っています。すでに、幼児期の最後には、猛烈な勢いで語彙を増やし始めています。

INTRODUCTION

ある学者によると、2時間に1語のスピードで、10年以上ひたすら覚え続けるそうです。

■第4段階■　相手に答える（幼児期）

【具体例】
Okay!（オーケー！）
I don't care.（なんでもいいよ、別にいいよ）
No!（やだ！）

　相手の質問や申し出に対して、肯定したり否定したり、受け入れたり拒否したり、という反応を示すことができる段階です。例えば、お母さんの料理の手伝いをしていて、Would you mix this?（これ、混ぜてくれる？）と聞かれて、Sure.（いいよ）と答えるというような状況も、この段階に含まれます。あるいは、What's your favorite ice cream?（好きなアイスクリームはどれ？）と聞かれて、I'm not sure.（わからない）とあいまいに答える場合も、やはり「相手に答える」の一例です。「わからない」も立派に答えになっているからです。

■第5段階■　相手に働きかける（子供期）

【具体例】
Turn on the TV for me!（テレビつけてよ！）
Read the book, please.（本を読んでちょうだい）
Remember you said we could have a story after lunch?

(昼食のあとにお話を聞かせてくれるって言ったでしょ？)

　子供期に入りました。子供からの働きかけが、がぜん積極的になります。今までは、母親との関係で受動的になりがちでしたが、この時期になると、ぐっと視野が広がり、自分から働きかける積極性が芽生えてきます。横柄に聞こえる命令文で働きかけると、please を付けなさい、とたしなめられるのもこのころです。

■第6段階■　自分の気持ちを表す（子供期）

【具体例】
You lied to me!（嘘をついたのね！）
You never take us to the beach!
（全然海に連れて行ってくれない！）
You always say 'no', you never say 'yes'!
（いつも「ダメダメ」ばっかり、ちっとも「うん」って言ってくれない！）

　子供期には、自分の気持ちを的確に相手に伝えられるようになります。ここには、You 〜で始まる文例をあげましたが、この延長上には、大人が発する You're kidding.（うっそー！）や You can't be serious!（冗談じゃないよ！）などの表現があります。気持ちを表すのは、第5段階の「相手に働きかける」の一部である、と考えることもできます。

INTRODUCTION

■第7段階■ 自分について述べる（子供期）

【具体例】
I lost my mitten.（手袋をなくした）
I found my mitten!（手袋を見つけた！）
I couldn't help it.（ガマンできなかった）
I'm the fastest runner in the world!
（ボクは世界で一番早く走れるんだよ）

　視野が広がるにつれ、「家族に対する自分」「友達に対する自分」「先生に対する自分」など、さまざまな自分を演じることになります。それとともに、自分について、主観的・客観的に相手に伝える機会が増えます。そうです、この段階は、幼児期に身につけた「伝える」技能の延長上にあるのです。具体例の文を見ていただけばわかるように、自分について伝えようとすることで、助動詞（could）が必要になったり、比較表現が必要になったりと、表現の幅も格段に増していきます。

■第8段階■ 第三者について語る（子供期）

【具体例】
Justin is skinner than Mark.
（ジャスティンはマークよりやせている）
My Daddy is stronger than your Daddy.
（うちのパパは君のパパより強いよ）
My parents don't let me eat candy.

(親がキャンディーを食べさせてくれないの)

　英語では、I と you 以外はすべて「第3人称」に属します。話題の中に出てくる親は、すでに第三者として客観化された親です。子供も10歳くらいになると、次第に親離れの傾向が顕著になってきます。5年生くらいになると、すでに最初の反抗期の兆候を示す子供もいます（特に男の子の場合）。具体例にあげたジーナちゃんの発言は、小学校に入りたてくらいの時期の言葉ですが、親を客観的に突き放して話題にする傾向は、すでに十分現れていると思います。

■第9段階■　思う・考える（子供期）

【具体例】
I think it needs new batteries.
(たぶん新しい電池が必要なのね)
I wonder what I'll get for my birthday.
(お誕生日には何がもらえるかしら)
I wish I was a bird.（私が鳥だったらなあ）

　I think ～, I wonder ～, I wish ～などは、この段階の典型的な表現法です。想像力は思考のための有力な道具のひとつです。第2段階で扱った I hope ～は「欲求」の表現でしたが、この段階で現れる I wish ～は「想像力を伴った願望」の表現なのです。自分というフィルターを通して世界を眺め、その像を再構築するようになります。「願望」は、その典型的な現れ

INTRODUCTION

と言えるでしょう。

■第 10 段階■　分析する・判断する（子供期）

【具体例】
Will you read me a story befor I go to bed?
（寝る前に本を読んでくれる？）
Probably you'll say no, but can I watch a video?
（ダメって言うと思うけど、ビデオ見ていい？）
I'll be good, if you let me watch cartoons!
（マンガを見てもいいなら、いい子にするわ！）

　この段階の特徴は、接続詞を自由に操れるようになることです。具体例のジーナちゃんの発言にもその特徴は顕著に出ています。例えば 2 番目の文を見てください。Can I watch a video? だけだったら、「尋ねる」あるいは「相手に働きかける」という段階の発言ですが、Probably you'll say no, but 〜 という枕がついています。接続詞の but が使われて「ダメって言うと思うけど」という逆説的な言い方になっています。ここにも「自分フィルター」が強烈に働いています。
　子供の心が複雑化し、物事を分析的に見る力がついていることがわかります。文法的に言うと、接続詞や間接疑問を使った「複文」を操るようになるのが、この最終段階の特徴です。

　……いかがでしたか。ジーナちゃんの発言を通じて、子供が言葉を獲得していく 10 のステップを順にスケッチしてきまし

たが、具体的なイメージをつかめたのではないかと思います。次のパートでは、この 10 のステップをなぞるようにして、「英語再学習」にチャレンジしていただきます。

　あなたは「子供が英語を話せるようになる順番で英語を学ぶ」のは初めてだと思います。どうか本書の《**英語「再学習」プログラム**》を通じて、いままでよりも自然な形で英語を見直し、英語を身近に感じられるようにしてください。
　迷ったときは、初心に帰るのがいちばんです。どうか、第 1 段階から順に、楽しみながら英語再学習をしてください。最後にワーズワースの『虹』の中の有名な句をプレゼントして、このパートを終えることにいたしましょう。

The Child is father of the Man (W. Wordsworth)
（子供は大人の父なのだ）

英語が話せるようになる「10のステップ」

Step 1

言葉を発する

　赤ちゃんが発する「バー、バー」「ダー、ダー」という言葉以前の発話の延長上にあるのが、「言葉を発する」という、Step 1 の段階です。

　ここでは、「いたい！」「はくしょん！」などの生理的な叫び、「ほら」「すごい！」「素晴らしい！」などのとっさのひとこと、「ええと」「あのですね」「やれやれ」などの会話の中でのひとこと、の順で見ていくことにします。叫び声やうなり声の延長上にある、これらのミニフレーズは、実は会話の中で大活躍します。覚えておくとたいへん重宝する知識です。

　次に、このステップで扱う表現の代表例をざっと見ておくことにしましょう。

　Ouch!（いたい！）
　Ahchoo!（はくしょん！）
　Hey!（ほら！）
　Great!（すごい！）
　Excellent!（素晴らしい！）
　Let me see.（ええと）
　You know.（あのですね）
　Thank goodness!（やれやれ！）
　Good grief!（がっかり！）

1 生理的なとっさの叫び
（いたい、はくしょん、など）

同じ泣くのでも、「ワーン」は baw、「エーン」は boohoo、大声の「ウワーン」は wah など、英語での表し方には独特のものがあります。文化の違いは、こんなところから始まっているのです。

◆厳選例文
① Ouch!（いたい！）
② Yuck!（オエ！）
③ Gee!（へえ！）
④ Hum.（うーん）
⑤ Oops!（おっと！）
⑥ Wow!（ワーッ！）
⑦ Eek!（キャーッ！）
⑧ Ahchoo!（はくしょん！）

CDで力試し
①いたい！　O_____!
②オエ！　Y_____!
③へえ！　G_____!
④うーん　H_____.
⑤おっと！　O_____!
⑥ワーッ！　W_____!
⑦キャーッ！　E_____!
⑧はくしょん！　A_____!

Step 1 言葉を発する

2 とっさのひとこと
(ほら、すごい、素晴らしい！など)

乾杯のときには Cheers!、「おめでとう」を言うなら Congratulations! というように、とっさのひとことには決まり文句があります。とっさの意思表示に使える表現を覚えておきましょう。

◆厳選例文

① Hey!（ほら！）
② Watch!（見て！）
③ Look!（見て！）
④ Listen!（聞いて！）
⑤ Gee!（これはまた！）
⑥ Look out!（大変だ！）
⑦ Great!（すごい！）
⑧ Well done!（偉い！）
⑨ Wonderful!（素晴らしい！）
⑩ Fantastic!（お見事！）
⑪ Excellent!（素晴らしい！）
⑫ Splendid!（上出来！）
⑬ Good guess!（ずぼしだよ！）
⑭ No wonder!（どうりで！）
⑮ Finished!（終わった！）

CDで力試し

①ほら！　H_____!
②見て！　W_____!
③見て！　L_____!
④聞いて！　L_____!
⑤これはまた！　G_____!
⑥大変だ！　L_____ out!
⑦すごい！　G_____!
⑧偉い！　Well d_____!
⑨素晴らしい！　W_____!
⑩お見事！　F_____!
⑪素晴らしい！　E_____!
⑫上出来！　S_____!
⑬ずぼしだよ！　Good g_____!
⑭どうりで！　No w_____!
⑮終わった！　F_____!

Step I 言葉を発する

3 会話の中でのひとこと
(ええと、あのですね、やれやれ、など)

会話の中で、間つなぎやちょっとした意思表示の言葉を知っていると、気まずい沈黙を生まないですみます。ここでは、特に役立ちそうなフレーズを集めてみました。

◆厳選例文

① Let me see.（ええと）
② You know.（あのですね）
③ Let me think.（考えさせてください）
④ What shall I say?（そうですねえ）
⑤ Come on.（元気を出して）
⑥ Oh dear!（あれまあ）
⑦ Oh no!（しまった！）
⑧ Good heavens!（困った！）
⑨ Nonsense!（そんなばかな！）
⑩ No way!（まさか！）
⑪ Thank goodness!（やれやれ！）
⑫ Good grief!（がっかり！）
⑬ What a nuisance!（何たることだ！）
⑭ What a pity!（何とかわいそうな）
⑮ What a shame!（けしからん！）

CDで力試し

①ええと。　Let me s_____.

②あのですね。　You k_____.

③考えさせてください。　Let me t_____.

④そうですねえ。　What shall I s_____?

⑤元気を出して。　C_____ on.

⑥あれまあ。　Oh d_____!

⑦しまった！　Oh n_____!

⑧困った！　Good h_____!

⑨そんなばかな！　N_____!

⑩まさか！　No w_____!

⑪やれやれ！　Thank g_____!

⑫がっかり！　Good g_____!

⑬何たることだ！　What a n_____!

⑭何とかわいそうな。　What a p_____!

⑮けしからん！　What a s_____!

Step 2
自分の意思・欲求を相手に伝える

　子供の「公園に行きたーい」「ジュース欲しい」という欲求表現の延長上にあるのが、「自分の意思・欲求を相手に伝える」という、Step 2 の段階です。

　ここでは、代表的な、I'll 〜, I'd like (to) 〜, I want (you) to 〜, I hope 〜を取り上げることにしました。

　I want to 〜 は取り上げますが、I want 〜は扱いません。なぜなら、I want orange juice. は「オレンジジュースが欲しいよー」という幼児的な表現で、大人が話す英語としてはふさわしくないからです。

　次ページで、このステップで身につく厳選表現を、CD を聞きながら予習しておくことにしましょう。

Step 2で身につく厳選表現

1. I'll 〜 ①（率直に気持ちを伝える）
はっきり言わせていただきます。
( ) make myself clear.

2. I'll 〜 ②（決意・やる気を意思表示する）
私にまかせてください。
( ) take care of it.

3. I'll 〜 ③（電話での表現・店で意思表示する）
これで電話を切ります。
( ) hang up now.
これをください。（店で）
( ) take this one.

4. I'd like 〜（レストランやホテル、旅先で意思表示する）
紅茶を1杯お願いします。（レストランで）
( )( ) a cup of tea, please.
バス付きのシングルルームをお願いします。（ホテルで）
( )( ) a single room with a bath.

5. I'd like 〜 / I hope 〜（日常生活で意思表示する・自分の希望を伝える）
家族を紹介したいのですが。
( )( ) to introduce my family.

Step 2 自分の意思・欲求を相手に伝える

またおいでください。(来客に)
(　)(　) you'll come again.

6. I want (you) to ~ (自分の要求をストレートに伝える)

君と仲直りしたいのだが。
(　)(　)(　) make up with you.

航空券の予約を確認したいのですが。
(　)(　)(　) confirm my ticket reserevation.

1 I'll 〜 ①
(率直に気持ちを伝える)

「率直に申し上げます」は I'll tell you frankly. と言います。この他、「はっきり言わせていただきます」など、率直な表現に I'll 〜 を使う例を学びます。

◆厳選例文

① **I'll** tell you the truth.
本当のことを言います。
② **I'll** make myself clear.
はっきり言わせていただきます。
③ **I'll** give it a pass.
今回は止めておくよ。
④ **I'll** leave the rest to you.
あとは君に任せるよ。

CDで力試し

①本当のことを言います。
I'll (the truth / you / tell).
②はっきり言わせていただきます。
I'll (myself / make / clear).
③今回は止めておくよ。
I'll (a pass / it / give).
④あとは君に任せるよ。
I'll (leave / to you / the rest).

Step 2 自分の意思・欲求を相手に伝える

2 I'll ～ ②
（決意・やる気を意思表示する）

CD 6

> 「ベストを尽くします」は、I'll do my best. と言います。また、「私にまかせてください」は、I'll take care of it. と言います（take care of ～は「世話する」ではなく「処理する、担当する」）。このように、自分の決意ややる気を表すときに、I'll ～（～します）という表現を使います。プラス思考の表現を覚えましょう。

実際の会話では、こんなふうに使います

A: Can you solve this problem?
　（この問題を解決できますか）
B: **I'll** give it my best shot.
　（最善を尽くします）

◆厳選例文

A　決意を意思表示する

① **I'll** do what I can.
　できることをやってみましょう。

② **I'll** give it a try.
　やってみます。

③ **I'll** give it my best shot.
　最善を尽くします。

④ **I'll** accept your offer.
　お言葉に甘えます。

B　やる気を意思表示する

⑤ **I'll** give it some thought.

考えておきましょう。
⑥ **I'll** join you in that.
　私も乗ります。
⑦ **I'll** take a chance.
　一か八かやってみよう。
⑧ **I'll** do anything for you.
　何でもするからね。

CDで力試し
A　決意を意思表示する
①できることをやってみましょう。
　I'll (do / I can / what).
②やってみます。
　I'll (it / give / a try).
③最善を尽くします。
　I'll (it / my best shot / give).
④お言葉に甘えます。
　I'll (offer / accept / your).

B　やる気を意思表示する
⑤考えておきましょう。
　I'll (give / some thought / it).
⑥私も乗ります。
　I'll (you / in that / join).
⑦一か八かやってみよう。
　I'll (a / take / chance).
⑧何でもするからね。
　I'll (for you / anything / do).

Step 2 自分の意思・欲求を相手に伝える

3 I'll 〜 ③
(電話での表現・店で意思表示する)

> 「これで電話を切ります」は I'll hang up now. と言います。hang up は「電話を切る」という表現です。また、店で「これをください」と店員に言うときは、I'll take this one. と言います。ここでは、電話で使われる I'll 〜と、店やレストランで使える I'll 〜 の表現を学びます。

実際の会話では、こんなふうに使います

A: The meeting will start soon.
  (会議がまもなく始まります)
B: **I'll** be right there.
  (いま行きます)

◆厳選例文

A 電話での表現

① **I'll** get back to you later.
  あとでまた連絡します。
② **I'll** be right there.
  いま行きます。
③ **I'll** be waiting for you.
  お待ちしています。
④ **I'll** be right back.
  すぐ戻ります。

B 店で意思表示する

⑤ **I'll** take it out.

持ち帰ります。
⑥ **I'll** have some beer.
ビールをいただきます。
⑦ **I'll** have tea after dinner.
食後に紅茶をお願いします。
⑧ **I'll** treat you to a drink.
1杯おごりましょう。

CDで力試し

A 電話での表現

①あとでまた連絡します。
I'll (later / get back / to you).
②いま行きます。
I'll (there / right / be).
③お待ちしています。
I'll (waiting / be / for you).
④すぐ戻ります。
I'll (right / back / be).

B 店で意思表示する

⑤持ち帰ります。
I'll (it / take / out).
⑥ビールをいただきます。
I'll (beer / some / have).
⑦食後に紅茶をお願いします。
I'll (after / dinner / have tea).
⑧1杯おごりましょう。
I'll (to a drink / treat / you).

Step 2 自分の意思・欲求を相手に伝える

CD 8

4 I'd like 〜
(レストランやホテル、旅先で意思表示する)

レストランで「紅茶を1杯お願いします」と言いたいときは、I'd like a cup of tea, please. と言います。また、「バス付きのシングルルームをお願いします」と言いたいときは、I'd like a single room with a bath. と言います。自分の要望をソフトに伝えるときに、I'd like (to) 〜 はとても便利な表現です。ここでは、海外旅行で使える I'd like (to) 〜 の表現をいろいろ学びます。

実際の会話では、こんなふうに使います

A: Front desk. May I help you?
   (フロントです。いかがなされましたか)
B: **I'd like** a wake-up call at six thirty, please.
   (6時半にモーニングコールをお願いしたいのですが)

◆厳選例文

A　レストランやホテルで意思表示する

① **I'd like** a table for three at eight.
   8時に3人分の席を予約したいのですが。
② **I'd like** another cup of coffee.
   コーヒーをもう1杯お願いします。
③ **I'd like** a wake-up call at six thirty, please.
   6時半にモーニングコールをお願いしたいのですが。
④ **I'd like** to extend my stay.
   滞在を延長したいのですが。

B　旅先で意思表示する

⑤ **I'd like to** exchange Japanese yen for dollars.
　日本円をドルに交換したいのですが。
⑥ **I'd like to** break this hundred-dollar bill.
　この100ドル札をくずしてください。
⑦ **I'd like to** rent a car for two days.
　2日間車を借りたいのですが。
⑧ **I'd like to** contact the Japanese embassy.
　日本大使館と連絡をとりたいのですが。

CDで力試し

A　レストランやホテルで意思表示する

①8時に3人分の席を予約したいのですが。
　I'd like (for three / a table / at eight).
②コーヒーをもう1杯お願いします。
　I'd like (coffee / cup of / another).
③6時半にモーニングコールをお願いしたいのですが。
　I'd like (a wake-up call / six thirty / at), please.
④滞在を延長したいのですが。
　I'd like to (stay / my / extend).

B　旅先で意思表示する

⑤日本円をドルに交換したいのですが。
　I'd like to (for dollars / exchange / Japanese yen).
⑥この100ドル札をくずしてください。
　I'd like to (this / hundred-dollar bill / break).
⑦2日間車を借りたいのですが。
　I'd like to (a car / rent / for two days).
⑧日本大使館と連絡をとりたいのですが。
　I'd like to (the Japanese / contact / embassy).

Step 2　自分の意思・欲求を伝える

5 I'd like 〜 / I hope 〜
（日常生活で意思表示する・自分の希望を伝える）

「家族をご紹介したいのですが」と言いたいときは、I'd like to introduce my family. と言います。ここでは、日常生活で使える I'd like (to) 〜 の表現を学びます。また、「またおいでください」と言いたいときは、I hope you'll come again. と言います。hope は、実現できないかもしれない願望を表す wish と違い、実現可能な希望を表します。

実際の会話では、こんなふうに使います

A: **I hope** I'm not disturbing you.
　　（お邪魔でなかったらいいのですが）
B: That's OK.
　　（大丈夫ですよ）

◆厳選例文

A　日常生活で意思表示する

① **I'd like to** make an appointment for tomorrow.
　明日のアポをとりたいのですが。

② **I'd like to** take the day off on Wednesday.
　水曜日に休暇を取りたいのですが。

③ **I'd like to** leave a message.
　伝言をお願いしたいのですが。

④ **I'd like** a pound of sugar, please.
　砂糖を1ポンドお願いします。

B　自分の希望を伝える

⑤ **I hope** you'll like this.
　お気に召すといいのですが。
⑥ **I hope** you enjoyed the day.
　お楽しみいただけたでしょうか。
⑦ **I hope** we'll be able to get together again.
　またご一緒できるといいのですが。
⑧ **I hope** I'm not disturbing you.
　お邪魔でなかったらいいのですが。

CDで力試し

A　日常生活で意思表示する

①明日のアポをとりたいのですが。
　I'd like to (an appointment / make / for tomorrow).
②水曜日に休暇を取りたいのですが。
　I'd like to (take / on Wednesday / the day off).
③伝言をお願いしたいのですが。
　I'd like to (a message / leave).
④砂糖を1ポンドお願いします。
　I'd like (of sugar / a pound), please.

B　自分の希望を伝える

⑤お気に召すといいのですが。
　I hope (this / you'll / like).
⑥お楽しみいただけたでしょうか。
　I hope (enjoyed / the day / you).
⑦またご一緒できるといいのですが。
　I hope (get together again / be able to / we'll).
⑧お邪魔でなかったらいいのですが。
　I hope (I'm / disturbing you / not).

Step 2 自分の意思・欲求を相手に伝える

CD 10

6 I want (you) to ～
(自分の要求をストレートに伝える)

「君と仲直りしたいのだが」と言いたいときは、I want to make up with you. と言います。I want (you) to ～ は自分の要求をストレートに伝えるときに使える表現です。また、「航空券の予約を確認したいのですが」と言いたいときは、I want to confirm my ticket reserevation. と言います。旅先でこちらの要求をストレートに伝えるときの表現もあわせて学びます。

実際の会話では、こんなふうに使います

A: **I want you to** give this top priority.
（これを最優先でお願いします）
B: I'll put all my other work on hold.
（ほかの仕事はすべて一時中断します）

◆厳選例文

A　自分の要求をストレートに伝える

① **I want to** rest a while.
ひと休みしたいのですが。

② **I want to** take a nap.
昼寝をしたいのですが。

③ **I want you to** go by the bank.
銀行に立ち寄ってください。

④ **I want you to** give this top priority.
これを最優先でお願いします。

B　旅先で自分の要求をストレートに伝える

⑤ **I want to** extend my stay for a week.
　滞在を1週間延ばしたいのですが。
⑥ **I want to** have it cashed.
　現金にしてもらいたいのですが。
⑦ **I want to** pay by traveler's check.
　トラベラーズ・チェックで支払いをしたいのですが。
⑧ **I want to** have it registered.
　書留でお願いしたいのですが。

CDで力試し

A　自分の要求をストレートに伝える

①ひと休みしたいのですが。
　I want to (a while / rest).
②昼寝をしたいのですが。
　I want to (a nap / take).
③銀行に立ち寄ってください。
　I want you to (the bank / by / go).
④これを最優先でお願いします。
　I want you to (this / give / top priority).

B　旅先で自分の要求をストレートに伝える

⑤滞在を1週間延ばしたいのですが。
　I want to (extend / for a week / my stay).
⑥現金にしてもらいたいのですが。
　I want to (it / cashed / have).
⑦トラベラーズ・チェックで支払いをしたいのですが。
　I want to (by / pay / traveler's check).
⑧書留でお願いしたいのですが。
　I want to (registered / it / have).

Step 3

相手に尋ねる

　子供の「パパはいつ帰ってくるの」「なぜ空は青いの」などという質問の延長上にあるのが、「相手に尋ねる」という、Step 3 の段階です。
　ここでは、代表的な、Is ～, Are you ～, Do you ～, Do you have ～, May I ～, Can I ～, What / Which / Where / When / Why / How ～で始まる疑問文などを取り上げることにしました。
　次ページで、このステップで身につく厳選表現を、CD を聞きながら予習しておくことにしましょう。

Step 3 で身につく厳選表現

1. **Is ～?**（相手に物事を尋ねる）
   お急ぎですか。
   ( ) it urgent?

2. **Are you ～?**（相手の状態を尋ねる①）
   私の話、聞いてる？
   ( ) ( ) listening?

3. **Do you ～?**（相手の状態を尋ねる②）
   私の話、聞いてる？
   ( ) ( ) follow me?

4. **Do you have ～?**（相手の状態を尋ねる③）
   どうかしましたか。
   ( ) ( ) ( ) a problem?

5. **May I ～?**（相手に許可を求める）
   お名前をうかがいたいのですが。
   ( ) ( ) have your name?

6. **Can I ～?**（相手に頼みごとをする）
   いらっしゃいませ。(店で)
   ( ) ( ) help you?

7. **Do I ～? / Shall I ～?**（自分に関することを尋ねる）
   予約は必要なのでしょうか。
   ( ) ( ) need a reservation?

Step 3　相手に尋ねる

お迎えにまいりましょうか。
(　)(　) come to pick you up?

8. What 〜? で始まる疑問文（わからないことを相手に尋ねる）
何でこうなるの？
(　) brought this on?
これは英語で何と言いますか。
(　) do you call this in English?

9. Which 〜? / When 〜?（「どちら」と選択肢を、「いつ？」と日時を尋ねる）
どっちのホテルがおすすめですか。
(　) hotel do you recommend?
あなたはいつがお暇ですか。
(　) are you free?

10. Where 〜?（場所を尋ねる）
お生まれはどちらですか。
(　) were you born?

11. Why 〜? / How 〜?（理由を尋ねる・軽い挨拶の言葉）
何でそんなこと言うの。
(　) are you saying that?
お変わりありませんか。
(　) have you been?

12. How 〜?（How many / How much も含めて）
どのくらいお時間をいただけますか
(　)(　) time do I have?

1 Is ～?
（相手に物事を尋ねる）

「お急ぎですか」と手短に尋ねるとき、Is it urgent? と言います。ここでは、Is ～で始まる疑問文で、日常よく使う表現を集めてみました。

◆厳選例文
① **Is** anything wrong?
どうかしましたか。
② **Is** there anything to eat?
何か食べるものない？
③ **Is** there a room available for tonight?
今晩空いている部屋はありますか。
④ **Is** this the Personnel Department?
人事部ですか。（電話で）

CDで力試し
①どうかしましたか。
　Is (wrong / anything)?
②何か食べるものない？
　Is (anything / to eat / there)?
③今晩空いている部屋はありますか。
　Is (a room available / there / for tonight)?
④人事部ですか。（電話で）
　Is (the Personnel / Department / this)?

Step 3 相手に尋ねる

2 Are you ～?
（相手の状態を尋ねる①）

会話の途中で、「私の話、聞いてる？」と尋ねるとき、Are you listening? と言います。ここでは、Are you ～で始まる疑問文で、日常よく使う表現を集めてみました。

実際の会話では、こんなふうに使います
A: **Are you** joking?
（冗談でしょう）
B: No, I'm serious.
（本気です）

◆厳選例文

① **Are you** free?
いま暇？
② **Are you** serious?
本気なの？
③ **Are you** sure it's okay?
本当にいいんですか。
④ **Are you** joking?
冗談でしょう？
⑤ **Are you** good at sports?
スポーツは得意ですか。
⑥ **Are you** for or against his proposal?
彼の提案に賛成ですか、反対ですか。
⑦ **Are you** working overtime tonight?
今夜は残業ですか。

⑧ **Are you** familiar with this area?
このあたりはお詳しいのですか。

CDで力試し

①いま暇？
　Are you f_____?
②本気なの？
　Are you s_____?
③本当にいいんですか。
　Are you (okay / it's / sure)?
④冗談でしょう？
　Are you j_____?
⑤スポーツは得意ですか。
　Are you (good / sports / at)?
⑥彼の提案に賛成ですか、反対ですか。
　Are you (or against / for / his proposal)?
⑦今夜は残業ですか。
　Are you (overtime / tonight / working)?
⑧このあたりはお詳しいのですか。
　Are you (familiar / this area / with)?

Step 3 相手に尋ねる

3 Do you ～?
（相手の状態を尋ねる②）

「私の話、聞いてる？」と尋ねるとき、Are you listening? の他に、Do you follow me? という言い方があります。ここでは、Do you ～ で始まる疑問文で、日常よく使う表現を集めてみました。

実際の会話では、こんなふうに使います

A: How will you be paying for this?
（お支払いはどのようになさいますか）
B: **Do you** accept credit card?
（クレジットカードは使えますか）

◆厳選例文

① **Do you** feel all right?
気分は大丈夫？
② **Do you** feel at home in London?
ロンドンの居心地はどうですか。
③ **Do you** accept credit cards?
クレジットカードは使えますか。
④ **Do you** know what department he's in?
彼の部署はわかりますでしょうか。
⑤ **Do you** need a doctor?
医者を呼びましょうか。
⑥ **Do you** need an answer right now?
すぐに返事が必要ですか。

⑦ **Do you** prefer tea or coffee?
紅茶がいいですか、コーヒーがいいですか。
⑧ **Do you** mind if I try it on?
試着してもいいですか。

CDで力試し

①気分は大丈夫？
　Do you (right / feel / all)?
②ロンドンの居心地はどうですか。
　Do you (at home / in London / feel)?
③クレジットカードは使えますか。
　Do you (cards / credit /accept)?
④彼の部署はわかりますでしょうか。
　Do you (know / he's in / what department)?
⑤医者を呼びましょうか。
　Do you (a doctor / need)?
⑥すぐに返事が必要ですか。
　Do you (need / right now / an answer)?
⑦紅茶がいいですか、コーヒーがいいですか。
　Do you (or coffee / tea / prefer)?
⑧試着してもいいですか。
　Do you (try it on / mind / if I)?

Step 3 相手に尋ねる

4 Do you have ～?
(相手の状態を尋ねる③)

「どうかしましたか」と尋ねるときに、Do you have a problem? と言います。ここでは、Do you have ～で始まる疑問文で、日常よく使う表現を集めてみました。

実際の会話では、こんなふうに使います

A: **Do you have** the time?
　(いま何時ですか)
B: It's eleven thirty by my watch.
　(私の時計では11時半です)

◆厳選例文

① **Do you have** a minute?
　ちょっと時間はありますか。
② **Do you have** the time?
　今、何時ですか。
③ **Do you have** an appointment with Mr. Black?
　ブラック氏とお約束ですか。
④ **Do you have** any plans for summer vacation?
　夏休みの計画は何か立てましたか。
⑤ **Do you have** anything to declare?
　申告するものは何かお持ちですか。
⑥ **Do you have** a table for five?
　5人分の席はありますか。
⑦ **Do you have** any special dishes today?
　今日は何か特別料理はありますか。

⑧ **Don't you have** cheaper ones?
もっと安いものはありませんか。

CDで力試し

①ちょっと時間はありますか。
Do you have a m_____?
②今、何時ですか。
Do you have the t_____?
③ブラック氏とお約束ですか。
Do you have (with / Mr. Black / an appointment)?
④夏休みの計画は何か立てましたか。
Do you have (for / any plans / summer vacation)?
⑤申告するものは何かお持ちですか。
Do you have (declare / to / anything)?
⑥5人分の席はありますか。
Do you have (for / a table / five)?
⑦今日は何か特別料理はありますか。
Do you have (today / any / special dishes)?
⑧もっと安いものはありませんか。
Don't you have (ones / cheaper)?

Step 3 相手に尋ねる

5 May I 〜?
（相手に許可を求める）

「〜してもいいですか」と許可を求める時や、「〜していただけませんか」と依頼する時の、最も丁寧な言い方が May I 〜? です。どんな相手にも、心配なく使えます。

実際の会話では、こんなふうに使います

A: **May I** have room service?
　　（ルーム・サービスは受けられますか）
B: Yes, sir. What would you like?
　　（はい。何をお持ちしましょう）

◆厳選例文

① **May I** have your name?
　お名前をうかがいたいのですが。
② **May I** talk to you for a minute?
　ちょっとだけお話があるのですが。
③ **May I** ask a favor of you?
　お願いしたいことがあるのですが。
④ **May I** take tomorrow off?
　明日休んでもいいですか。
⑤ **May I** try this coat on?
　このコートを試着してもいいですか。
⑥ **May I** use the bathroom?
　お手洗いをお借りしたいのですが。
⑦ **May I** have a receipt, please?
　レシートをお願いします。

⑧ **May I** have room service?
ルーム・サービスは受けられますか。

CDで力試し

①お名前をうかがいたいのですが。
May I (have / name / your)?
②ちょっとだけお話があるのですが。
May I (to you / talk / for a minute)?
③お願いしたいことがあるのですが。
May I (a favor / of you / ask)?
④明日休んでもいいですか。
May I (take / off / tomorrow)?
⑤このコートを試着してもいいですか。
May I (this coat / try / on)?
⑥お手洗いをお借りしたいのですが。
May I (the bathroom / use)?
⑦レシートをお願いします。
May I (a receipt / have), please?
⑧ルーム・サービスは受けられますか。
May I (room / service / have)?

Step 3 相手に尋ねる

6 Can I 〜?
（相手に頼みごとをする）

CD 17

May I 〜? に比べると、多少ラフな感じです。友人同士や親しい間柄で使う分には問題がありません。仕事としてこちらの要求を聞く立場の相手に対して、よく用いられます。

実際の会話では、こんなふうに使います

A: **Can I** try this coat on?
（このコートを試着してもいいですか）
B: There's a fitting room there.
（あちらに試着室があります）

◆厳選例文

① **Can I** help you?
いらっしゃいませ。（店で）
② **Can I** make a reservation?
予約をしたいのですが。
③ **Can I** have a wake-up call at 6?
6時にモーニングコールをお願いしたいのですが。
④ **Can I** leave a message?
伝言をお願いしたいのですが。
⑤ **Can I** cash a traveler's check?
トラベラーズ・チェックを現金にしたいのですが。
⑥ **Can I** make a takeout order here?
持ち帰りの注文はできますか。
⑦ **Can I** try this coat on?
このコートを試着してもいいですか。

⑧ **Can I** park my car here?
ここに駐車してもいいですか。

CDで力試し

①いらっしゃいませ。(店で)
　Can I (you / help)?
②予約をしたいのですが。
　Can I (reservation / make / a)?
③6時にモーニングコールをお願いしたいのですが。
　Can I (at 6 / a wake-up call / have)?
④伝言をお願いしたいのですが。
　Can I (leave / message / a)?
⑤トラベラーズ・チェックを現金にしたいのですが。
　Can I (a traveler's / cash / check)?
⑥持ち帰りの注文はできますか。
　Can I (here / a takeout order / make)?
⑦このコートを試着してもいいですか。
　Can I (this coat / on / try)?
⑧ここに駐車してもいいですか。
　Can I (here / park / my car)?

Step 3 相手に尋ねる

7 Do I ~?/Shall I ~?など
（自分に関することを尋ねる）

ここでは、Do I ~? / Shall I ~? / Should I ~? など、I を主語にした疑問文で、日常よく使うものを集めてみました。Shall I ~? は「〜しましょうか」と申し出るときに使います。また、後半では、What ~ で始まるとっさのひとことも取り上げます。

実際の会話では、こんなふうに使います

A: **Shall I** have him call you back later?
（後ほど折り返し電話させましょうか）

B: Yes, please.
（ええ、お願いします）

◆厳選例文

A 自分に関することを尋ねる

① **Do I** need a reservation?
予約は必要なのでしょうか。

② **Shall I** come to pick you up?
お迎えにまいりましょうか。

③ **Shall I** have him call you back later?
後ほど折り返し電話させましょうか。

④ **Should I** wear a suit?
スーツ着用ですか。

B What 〜 で始まるとっさのひとこと

⑤ **What's** that?
それ何？

⑥ **What** do you think about this?
これについてどう思いますか。
⑦ **What** do you mean by that?
いったいどういうつもりなの。
⑧ **What** should I do?
どうしよう。

CDで力試し

A　自分に関することを尋ねる
①予約は必要なのでしょうか。
　Do I (a reservation / need)?
②お迎えにまいりましょうか。
　Shall I (pick you up / come / to)?
③後ほど折り返し電話させましょうか。
　Shall I (call you back / have him / later)?
④スーツ着用ですか。
　Should I (a suit / wear)?

B　What ～ で始まるとっさのひとこと
⑤それ何？
　What's t_____?
⑥これについてどう思いますか。
　What (do you / about this / think)?
⑦いったいどういうつもりなの。
　What (mean / by that / do you)?
⑧どうしよう。
　What (should / do / I)?

Step 3 相手に尋ねる

8 What 〜 で始まる疑問文
(わからないことを相手に尋ねる)

「これは英語で何と言いますか」と尋ねたいときは、What do you call this in English? と言います。ここでは、自分の知らないことを相手に尋ねる文を集めてみました。

実際の会話では、こんなふうに使います

A: **What** time do you open?
　(何時に開店ですか)
B: We open at ten.
　(10 時です)

◆厳選例文

① **What** company are you from?
　どちらの会社からおいでですか。
② **What** title will I be receiving?
　私はどういう肩書になるのでしょうか。
③ **What** do you think of this matter?
　この件についてどうお考えですか。
④ **What** do you want for your birthday?
　誕生日には何が欲しいですか。
⑤ **What** are you looking for?
　どんなものをお探しですか。
⑥ **What** do you recommend today?
　今日はどの料理がおすすめですか。
⑦ **What** kind of drinks do you have?
　飲み物はどんなものがありますか。

⑧ **What** time do you open?
何時に開店ですか。

CDで力試し

①どちらの会社からおいでですか。
What (from / company / are you)?
②私はどういう肩書になるのでしょうか。
What (be receiving / will I / title)?
③この件についてどうお考えですか。
What (do you / this matter / think of)?
④誕生日には何が欲しいですか。
What (want / do you / for your birthday)?
⑤どんなものをお探しですか。
What (are you / for / looking)?
⑥今日はどの料理がおすすめですか。
What (today / recommend / do you)?
⑦飲み物はどんなものがありますか。
What (drinks / kind of / do you have)?
⑧何時に開店ですか。
What (open / time / do you)?

Step 3 相手に尋ねる

9 Which ～? / When ～?
（「どちら」と選択肢を、「いつ？」と日時を尋ねる）

「どっちのホテルがおすすめですか」と尋ねたいとき、Which hotel do you recommend? と言います。2つ以上のうちから選んで答えてもらう疑問文を集めてみました。また、「あなたはいつがお暇ですか」と尋ねたいときは、When are you free? と言います。どちらも、日常よく使う表現です。

実際の会話では、こんなふうに使います

A: **Which** do you like better, soccer or baseball?
（サッカーと野球では、どっちが好きですか）
B: I prefer baseball to soccer.
（サッカーより野球のほうが好きです）

◆厳選例文

A 「どちら」と選択肢を尋ねる

① **Which** side are you on?
君はどちらの側の味方なんだい。

② **Which** do you like more, soccer or baseball?
サッカーと野球では、どっちが好きですか。

③ **Which** department do you work for?
あなたの部署はどちらですか。

④ **Which** train should I take?
どの電車に乗ればいいのでしょうか。

B 「いつ？」と日時を尋ねる

⑤ **When** is it convenient for you?

あなたはいつが都合がいいですか。
⑥ **When**'s your birthday?
誕生日はいつですか。
⑦ **When** is the next express?
次の急行はいつですか。
⑧ **When** do you start boarding?
搭乗開始はいつですか。

CDで力試し

A 「どちら」と選択肢を尋ねる
①君はどちらの側の味方なんだい。
　Which (are you / side / on)?
②サッカーと野球では、どっちが好きですか。
　Which (do you / soccer or baseball / like more,)?
③あなたの部署はどちらですか。
　Which (department / work for / do you)?
④どの電車に乗ればいいのでしょうか。
　Which (train / take / should I)?

B 「いつ？」と日時を尋ねる
⑤あなたはいつが都合がいいですか。
　When (for you / is it / convenient)?
⑥誕生日はいつですか。
　When's (birthday / your)?
⑦次の急行はいつですか。
　When (the next / is / express)?
⑧搭乗開始はいつですか。
　When (start / do you / boarding)?

Step 3 相手に尋ねる

10 Where ～?
(場所を尋ねる)

CD 21

「お生まれはどちらですか」と尋ねたいときは、Where were you born? と言います。ここでは、場所を尋ねる疑問文を集めてみました。日常よく使う表現ばかりです。

実際の会話では、こんなふうに使います

A: **Where** can I find the Sales Department?
（営業部はどちらですか）
B: It's on the third floor.
（3階にございます）

◆厳選例文

① **Where** are you from?
ご出身はどちらですか。

② **Where** are you employed?
どちらにお勤めですか。

③ **Where** can I find the Sales Department?
営業部はどちらですか。

④ **Where** can I get a taxi?
タクシーはどこで拾えますか。

⑤ **Where** can I park?
どこに駐車できますか。

⑥ **Where** should I transfer?
どこで乗り換えるのですか。

⑦ **Where** can I change money?
両替所はどこですか。

⑧ **Where**'s the emergency exit?
非常口はどこですか。

CDで力試し

①ご出身はどちらですか。
　Where (from / you / are)?
②どちらにお勤めですか。
　Where (are / employed / you)?
③営業部はどちらですか。
　Where (the Sales Department / can I / find)?
④タクシーはどこで拾えますか。
　Where (get / can I / a taxi)?
⑤どこに駐車できますか。
　Where (I / can / park)?
⑥どこで乗り換えるのですか。
　Where (I / transfer / should)?
⑦両替所はどこですか。
　Where (money / can I / change)?
⑧非常口はどこですか。
　Where's (exit / the emergency)?

Step 3 相手に尋ねる

11 Why 〜? / How 〜?
(理由を尋ねる・軽いあいさつの言葉)

Why not? は「なぜダメなの？」とか「それじゃ、お願いします」という意味で使われる表現です。また、「お変わりありませんか」と相手に声をかけたいときは、How have you been? と言います。ここでは、Why 〜と How 〜で始まるよく使う表現を学びます。

実際の会話では、こんなふうに使います

A: **Why** are you saying that?
（何でそんなこと言うの）
B: **Why** not?
（なぜだめなの）

◆厳選例文

A 理由を尋ねる

① **Why** is it so important?
だから、何なの？

② **Why** are you telling me now!?
今ごろどういうつもりなの？

③ **Why** are you saying that?
何でそんなこと言うの？

④ **Why** didn't you tell me?
どうして言ってくれなかったの？

B 軽いあいさつの言葉

⑤ **How** are you getting along?
いかがお過ごしですか。

⑥ **How** do you feel?
　気分はどう？
⑦ **How's** everything?
　調子はどうですか。
⑧ **How's** business?
　景気はいかがですか。

CDで力試し

A　理由を尋ねる

①だから、何なの？
　Why (is it / important / so)?
②今ごろどういうつもりなの？
　Why (now / are you / telling me)!?
③何でそんなこと言うの？
　Why (that / saying / are you)?
④どうして言ってくれなかったの？
　Why (tell / didn't you / me)?

B　軽いあいさつの言葉

⑤いかがお過ごしですか。
　How (are you / along / getting)?
⑥気分はどう？
　How (you / feel / do)?
⑦調子はどうですか。
　How's e_____?
⑧景気はいかがですか。
　How's b_____?

Step 3 相手に尋ねる

12 How ~?
(How much も含めて)

ここでは、How ~ で始まる疑問文と、最後に How much ~? の疑問文をお見せすることにしました。

実際の会話では、こんなふうに使います

A: **How** do you get to work?
（仕事場にはどうやって行くのですか）
B: I use subway.
（地下鉄に乗ります）

◆厳選例文

① **How** do I fill out this form?
この用紙はどう記入するのでしょうか。

② **How** do you spell your name?
お名前のつづりを教えてください。

③ **How** do you pronounce this word?
この単語はどう発音するのですか。

④ **How** do you say "otaku" in English?
英語で「おたく」はどう言うのですか。

⑤ **How** do you get to work?
仕事場にはどうやって行くのですか。

⑥ **How** do I get to the Hilton Hotel?
ヒルトンホテルはどう行けばいいのでしょうか。

⑦ **How** do you like your steak?
ステーキの焼き加減のお好みは？

⑧ **How** much time do I have?
どのくらいお時間をいただけますか。

CDで力試し

①この用紙はどう記入するのでしょうか。
How (fill out / do I / this form)?
②お名前のつづりを教えてください。
How (do you / your name / spell)?
③この単語はどう発音するのですか。
How (this word / do you / pronounce)?
④英語で「おたく」はどう言うのですか。
How (say "otaku" / do you / in English)?
⑤仕事場にはどうやって行くのですか。
How (do you / to work / get)?
⑥ヒルトンホテルはどう行けばいいのでしょうか。
How (to the Hilton Hotel / do I / get)?
⑦ステーキの焼き加減のお好みは？
How (do you / your steak / like)?
⑧どのくらいお時間をいただけますか。
How much (have / do I / time)?

Step 4

相手に答える

　子供の Okay!（オーケー！）、No!（やだ！）、I don't care.（なんでもいいよ、別にいいよ）などの言い方の延長上にあるのが、「相手に答える」という、Step 4 の段階です。

　ここでは、「もちろん」「その通り」などのとっさの答え方、「喜んで」「承知しました」と肯定的に答える場合、「気にしないで」「大丈夫ですよ」などの表現の順で見ていくことにします。これらのミニフレーズは、会話の中で大活躍します。覚えておくとたいへん重宝する知識です。

　次に、このステップで扱う表現の代表例をざっと見ておくことにしましょう。

　Naturally.（当然だよ）
　With pleasure.（喜んで）
　I'll do as you say.（おっしゃる通りにいたします）
　You're welcome.（どういたしまして〔礼を言われて〕）
　No thank you.（結構です）
　That's plenty.（もうたくさんです）

1 とっさのひとこと
(「もちろん」「その通り」などの表現)

CD 24

相手の質問や申し出に対して、「もちろん」とか「その通り」ととっさに答える言い方を集めました。ほとんどはたった1単語のミニフレーズです。

◆厳選例文

① Absolutely!（絶対に！）
② Naturally.（当然だよ）
③ Of course!（もちろんさ！）
④ Exactly.（その通り）
⑤ Right.（そうです）
⑥ No problem.（問題なし）
⑦ Obviously.（当たり前だ）

CDで力試し

①絶対に！　A_____!
②当然だよ。　N_____.
③もちろんさ！　Of c_____!
④その通り。　E_____.
⑤そうです。　R_____.
⑥問題なし。　No p_____.
⑦当たり前だ。　O_____.

Step 4 相手に答える

2 肯定的に答える
(「喜んで」「承知しました」と肯定的に答える場合)

レストランでウェイターが客の注文を受けるとき、Yes sir!、Yes, ma'am!（かしこまりました）と言います。ここでは、相手からの申し出に快く応じる場合の言い方を集めてみました。

◆厳選例文

① Sure!（いいとも）
② With pleasure.（喜んで）
③ You can count on me.（お任せください）
④ I'll do as you say.（おっしゃる通りにいたします）
⑤ I agree.（同感です）
⑥ I think so, too.（私もそう思います）
⑦ You're welcome.（どういたしまして）〔礼を言われて〕

CDで力試し

①いいとも。　S_____!
②喜んで。　With p_____.
③お任せください。　You can c_____ on me.
④おっしゃる通りにいたします。
　I'll do as you s_____.
⑤同感です。　I a_____.
⑥私もそう思います。　I t_____ so, too.
⑦どういたしまして。〔礼を言われて〕
　You're w_____.

3 申し出などを断るときなど
(「気にしないで」「大丈夫ですよ」などの表現)

CD 26

> Excuse me.(すみません)とか、Sorry.(ごめんなさい)などと謝られたときに返す「気にしないで」には、Never mind. などの言い方があります。ここでは、その他、申し出を断るときの表現なども扱います。

◆厳選例文

① That's all right.(大丈夫ですよ)
② Don't worry.(気にしなくていいよ)
③ That will do.(それで結構です)
④ No thank you.(結構です)
⑤ Either way is fine.(どちらでもかまいません)
⑥ That's plenty.(もうたくさんです)
⑦ Not especially.(別に)

CDで力試し

①大丈夫ですよ。　That's all r_____.
②気にしなくていいよ。　Don't w_____.
③それで結構です。　That will d_____.
④結構です。　No t_____ you.
⑤どちらでもかまいません。　Either w_____ is fine.
⑥もうたくさんです。　That's p_____.
⑦別に。　Not e_____.

Step 5

相手に働きかける

　子供の「テレビつけてよ！」「本を読んでちょうだい」という相手への要求表現の延長上にあるのが、「相手に働きかける」という、Step 5 の段階です。

　ここでは、代表的な、命令文, Please ＋命令文, Let's ～, Don't ～, Could you ～?, Would you ～?, Can you ～?, Could I ～?, Why don't you ～?, Will you ～? を順に取り上げていきます。

　次ページで、このステップで身につく厳選表現を、CD を聞きながら予習しておくことにしましょう。

Step 5 で身につく厳選表現

1. **命令文①**（待ったなしのひとこと）
   気をつけて！
   (　) out!　→答えは **Watch** または **Look**

2. **命令文②**（とっさのひとこと）
   冗談はやめてくれ。
   (　) joking.　→答えは **Stop**

3. **命令文③**（少し長めの命令文）
   必ず明細をつけてください。
   (　) sure to include a breakdown.　→答えは **Be**

4. **Please ＋命令文①**（命令文を依頼に使う）
   しばらくお待ちください。
   (　) wait a moment.

5. **Please ＋命令文②**（少し長めの文の場合）
   これをドルに替えてください。
   (　) (　) this to dollars.　→答えは **Please change**

6. **Let's ～**（相手に誘いかける表現）
   話題を変えましょう。
   (　) change the subject.

Step 5 相手に働きかける

7. Don't 〜（「〜しないで」と相手に働きかける）
ほどほどにね。
（　　） work too hard.

8. Could you 〜?（とても丁寧な依頼の表現）
ほんの少し時間をいただけないでしょうか。
（　　）（　　） spare me a minute?

9. Would you 〜?（比較的丁寧な依頼の表現）
もう1度おっしゃってください。
（　　）（　　） repeat that, please?

10. Can you 〜?（気軽な依頼の表現）
聞こえますか。（電話で）
（　　）（　　） hear me?

11. Could I 〜?（少し丁寧な依頼の表現）
電話番号をお教えください。
（　　）（　　） have your phone number?

12. Why don't you 〜? / Will you 〜?
（相手に誘いかける表現・「〜してくれない？」という依頼）
ちょっと寄って行きませんか。
（　　）（　　）（　　） come over?
そこの書類を取ってくれない？
（　　）（　　） pass me those documents?

1 命令文①
（待ったなしのひとこと）

「気をつけて！」と相手に危険を知らせるとき、Watch out! または Look out! と言います。ここでは、命令文の形の「待ったなしのひとこと」を取り上げます。

◆厳選例文

① Freeze!（動くな！）
② Get down!（伏せろ！）
③ Keep quiet!（静かに！）
④ Wake up!（目を覚ませ！）
⑤ Cool off!（頭を冷やせ！）

CDで力試し

①動くな！
　F_____!
②伏せろ！
　Get d_____!
③静かに！
　Keep q_____!
④目を覚ませ！
　Wake u_____!
⑤頭を冷やせ！
　Cool o_____!

Step 5　相手に働きかける

2 命令文②
（とっさのひとこと）

「時間厳守！」と言いたいときは、Be on time! と言います。「怠けないで」は Stop being idle! です。ここでは、命令文の形のとっさのひとことを学びます。

実際の会話では、こんなふうに使います
A: Say hellow to him for me.
　　（彼によろしく）
B: I will.
　　（わかりました）

◆厳選例文
① Control yourself.
　落ち着いて。
② Take it easy.
　かっかしないで。
③ Cheer up!
　元気を出して。
④ Do your best.
　最善を尽くしなさい。
⑤ Tell me the truth.
　本当のことを言って。
⑥ Help yourself.
　遠慮なくどうぞ。
⑦ Make yourself comfortable.
　ごゆっくりどうぞ。

⑧ Say hello to him for me.
彼によろしく。

CDで力試し

①落ち着いて。
　Control y_____.
②かっかしないで。
　Take (easy / it).
③元気を出して。
　Cheer u_____!
④最善を尽くしなさい。
　Do (best / your).
⑤本当のことを言って。
　Tell (the truth / me).
⑥遠慮なくどうぞ。
　Help y_____.
⑦ごゆっくりどうぞ。
　Make (comfortable / yourself).
⑧彼によろしく。
　Say (to him / for me / hello).

Step 5 相手に働きかける

3 命令文③
(少し長めの命令文)

少し長めの命令文を集めました。といっても、長くても4語以内です。②の Call me a taxi. は Call me taxi. と冠詞を省いて言うと「私をタクシーと呼びなさい」という文になり、よくジョークのネタにされます。

実際の会話では、こんなふうに使います

A: Call me a taxi.
　(タクシーを呼んでください)
B: Certainly. Where to, sir?
　(かしこまりました。どちらへでしょうか)

◆厳選例文

① Cool down a little.
　ちょっと頭を冷やしなさい。
② Call me a taxi.
　タクシーを呼んでください。
③ Follow the rules.
　ルールはルールです。
④ Leave it to me.
　私に任せてください。
⑤ Make yourself at home.
　おくつろぎください。
⑥ Take care of yourself.
　お気をつけて。

⑦ Have a nice trip.
　よいご旅行を。
⑧ Leave me alone.
　私をほっといて。

CDで力試し

①ちょっと頭を冷やしなさい。
　Cool (a little / down).
②タクシーを呼んでください。
　Call (a taxi / me).
③ルールはルールです。
　Follow the r_____.
④私に任せてください。
　Leave (me / it / to).
⑤おくつろぎください。
　Make (yourself / home / at).
⑥お気をつけて。
　Take (yourself / care / of).
⑦よいご旅行を。
　Have (a / trip / nice).
⑧私をほっといて。
　Leave (alone / me).

Step 5 相手に働きかける

4 Please ＋命令文①
(命令文を依頼に使う)

CD 31

> Please は、命令文の口調を和らげる働きをします。ただし、Please がついたからといっていちいち「どうぞ」と訳す必要はありません。この①では比較的短い文例を集めてみました。

実際の会話では、こんなふうに使います

A: You sound busy.
   (忙しそうですね)
B: **Please** call me back in five minutes.
   (5分後にかけ直してください)

◆厳選例文

① **Please** wait a moment.
   しばらくお待ちください。
② **Please** speak a little more slowly.
   もう少しゆっくり話してください。
③ **Please** call his mobile phone.
   彼の携帯電話のほうにおかけください。
④ **Please** call me back in five minutes.
   5分後にかけ直してください。
⑤ **Please** drop in on us.
   どうかお立ち寄りください。
⑥ **Please** be my guest.
   私にごちそうさせてください。
⑦ **Please** help yourself.
   どうぞお召し上がりください。

⑧ **Please** forgive my rudeness.
失礼をお許しください。

CDで力試し

①しばらくお待ちください。
Please (a moment / wait).
②もう少しゆっくり話してください。
Please (a little / speak / more slowly).
③彼の携帯電話のほうにおかけください。
Please (call / mobile phone / his).
④5分後にかけ直してください。
Please (call me / in five minutes / back).
⑤どうかお立ち寄りください。
Please (on us / drop / in).
⑥私にごちそうさせてください。
Please (guest / be / my).
⑦どうぞお召し上がりください。
Please (yourself / help).
⑧失礼をお許しください。
Please (my / forgive / rudeness).

Step 5 相手に働きかける

5 Please ＋命令文②
(少し長めの文の場合)

> 比較的長い、特定のシチュエーションの中で使われる文例を集めました。例えば、⑥の Please make it a collect call. は「コレクトコールでお願いします」という、電話交換手への要望です。

実際の会話では、こんなふうに使います

A: **Please** call the police.
(警察を呼んでください)
B: What happened?
(どうしたんですか)

◆厳選例文

① **Please** change this to dollars.
これをドルに替えてください。

② **Please** call the police.
警察を呼んでください。

③ **Please** call an ambulance.
救急車を呼んでください。

④ **Please** fill out this application form.
この申込用紙にご記入ください。

⑤ **Please** get off at Tokyo Station.
東京駅でお降りください。

⑥ **Please** make it a collect call.
コレクトコールでお願いします。

⑦ **Please** send this letter by air mail.
この手紙を航空便でお願いします。

⑧ **Please** show me where we are on this map.
この地図上でどこにいるのか教えてください。

CDで力試し

①これをドルに替えてください。
Please (change / to dollars / this).
②警察を呼んでください。
Please (the police / call).
③救急車を呼んでください。
Please (an ambulance / call).
④この申込用紙にご記入ください。
Please (application form / this / fill out).
⑤東京駅でお降りください。
Please (at / Tokyo Station / get off).
⑥コレクトコールでお願いします。
Please (a collect call / make / it).
⑦この手紙を航空便でお願いします。
Please (by air mail / send / this letter).
⑧この地図上でどこにいるのか教えてください。
Please (where we are / on this map / show me).

Step 5 相手に働きかける

6 Let's 〜
(相手に誘いかける表現)

CD 33

Let's の's は us の短縮形です。提案するのは「私」ですが、気持ちの上では、すでに相手と一体です。例えば⑧の「割り勘にしましょう」は、「2人で（合体して）半々にしましょう」という提案です。

実際の会話では、こんなふうに使います

A: I've just finished work.
（ちょうど仕事を終えたところです）
B: **Let's** have a drink.
（一杯やりましょう）

◆厳選例文

① **Let's** get down to business.
本論に入りましょう。

② **Let's** go on to the next subject.
次の件に進みましょう。

③ **Let's** take our chances.
一か八かやってみよう。

④ **Let's** quit for today.
今日はこれでやめにしよう。

⑤ **Let's** see what happens.
どうなるか様子を見ましょう。

⑥ **Let's** go out for dinner.
食事に出よう。

⑦ **Let's** have a drink.
　一杯やりましょう。
⑧ **Let's** split the bill.
　割り勘にしましょう。

CDで力試し

①本論に入りましょう。
　Let's (to business / get / down).
②次の件に進みましょう。
　Let's (go on / the next subject / to).
③一か八かやってみよう。
　Let's (our / take / chances).
④今日はこれでやめにしよう。
　Let's (quit / today / for).
⑤どうなるか様子を見ましょう。
　Let's (happens / see / what).
⑥食事に出よう。
　Let's (dinner / for / go out).
⑦一杯やりましょう。
　Let's (a drink / have).
⑧割り勘にしましょう。
　Let's (the bill / split).

Step 5 相手に働きかける

7 Don't 〜
(「〜しないで」と相手に働きかける)

「遠慮しないで」は Don't hesitate. と言います。「〜するな」とか「〜しないで」という意味の Don't 〜も、強力に相手に働きかける表現のひとつです。

実際の会話では、こんなふうに使います

A: I don't want to talk to him.
　（彼に話しかけたくないわ）
B: **Don't** be so stubborn !
　（そう意地を張るな！）

◆厳選例文

① **Don't** hurry me.
　せかさないで。
② **Don't** be stupid!
　バカなまねをするな！
③ **Don't** be so stubborn!
　そう意地を張るな！
④ **Don't** interrupt me.
　最後まで聞けよ。
⑤ **Don't** change the subject.
　話をそらすな。
⑥ **Don't** talk nonsense!
　でたらめを言うな！
⑦ **Don't** underestimate me.
　見損なうなよ。

⑧ **Don't** bother others.
他人に迷惑をかけるなよ。

CDで力試し

①せかさないで。
　Don't (me / hurry).
②バカなまねをするな！
　Don't (stupid / be)!
③そう意地を張るな！
　Don't (be / stubborn / so)!
④最後まで聞けよ。
　Don't (me / interrupt).
⑤話をそらすな。
　Don't (the subject / change).
⑥でたらめを言うな！
　Don't (nonsense / talk)!
⑦見損なうなよ。
　Don't (me / underestimate).
⑧他人に迷惑をかけるなよ。
　Don't (others / bother).

Step 5 相手に働きかける

8 Could you ～?
（とても丁寧な依頼の表現）

> Could you ～? は Would you ～? よりも丁寧な表現です。その理由は、would は「意志」を表し、could は「可能性」を表すから、と説明できます。つまり、Could you ～?には「できれば…」というニュアンスが含まれているのです。

実際の会話では、こんなふうに使います

A: **Could you** send this copy by facsimile?
（この書類をファックスで送っていただけませんか）
B: I'll take care of it right away.
（すぐにいたします）

◆厳選例文

① **Could you** tell me how to get to your office?
会社への行き方を教えてください。
② **Could you** call back in 20 minutes?
20分後に折り返しお電話ください。
③ **Could you** send this copy by facsimile?
この書類をファックスで送っていただけませんか。
④ **Could you** spare me a minute?
ほんの少し時間をいただけないでしょうか。
⑤ **Could you** spell your name, please?
お名前のつづりをお願いいたします。
⑥ **Could you** be more specific?
もっと詳しく話していただけますか。

⑦ **Could you** suggest an Italian restaurant?
   イタリアン・レストランを教えていただけませんか。
⑧ **Could you** exchange this, please?
   これを取り替えていただけますか。

CDで力試し

①会社への行き方を教えてください。
   Could you (how to get / to your office / tell me)?
②20分後に折り返しお電話ください。
   Could you (20 minutes / call back / in)?
③この書類をファックスで送っていただけませんか。
   Could you (this copy / by facsimile / send)?
④ほんの少し時間をいただけないでしょうか。
   Could you (a minute / spare / me)?
⑤お名前のつづりをお願いいたします。
   Could you (your / spell / name), please?
⑥もっと詳しく話していただけますか。
   Could you (specific / more / be)?
⑦イタリアン・レストランを教えていただけませんか。
   Could you (an Italian restaurant / suggest)?
⑧これを取り替えていただけますか。
   Could you (this / exchange), please?

Step 5 相手に働きかける

9 Would you ～?
(比較的丁寧な依頼の表現)

> Would you ～? は比較的丁寧な「依頼」を表します。より丁寧に表したければ、Could you ～? を使うことができますが、多くの英米人は Could you ～? と Would you ～? の違いはほとんど意識していません。

実際の会話では、こんなふうに使います

A: **Would you** like something to drink?
　(何か飲み物はどうですか)
B: Coffee, please.
　(コーヒーをください)

◆厳選例文

① **Would you** repeat that, please?
　もう1度おっしゃってください。
② **Would you** tell him that I called?
　電話があったことをお伝えいただけますか。
③ **Would you** put that in writing?
　それを文書にしていただけますか。
④ **Would you** come this way, please?
　どうぞ、こちらにおいでください。
⑤ **Would you** give me a discount?
　まけてもらえませんか。
⑥ **Would you** like to go out for lunch with us?
　ご一緒に昼食でもどうですか。

⑦ **Would you** like something to drink?
何か飲み物はどうですか。
⑧ **Would you** bring me the check?
お勘定をお願いします。

CDで力試し

①もう1度おっしゃってください。
　Would you (that / repeat), please?
②電話があったことをお伝えいただけますか。
　Would you (tell / that I called / him)?
③それを文書にしていただけますか。
　Would you (that / put / in writing)?
④どうぞ、こちらにおいでください。
　Would you (this / way / come), please?
⑤まけてもらえませんか。
　Would you (me / give / a discount)?
⑥ご一緒に昼食でもどうですか。
　Would you (to go out / for lunch with us / like)?
⑦何か飲み物はどうですか。
　Would you (like / to drink / something)?
⑧お勘定をお願いします。
　Would you (me / the check / bring)?

Step 5 相手に働きかける

10 Can you ～?
（気軽な依頼の表現）

> Can you ～? は、丁寧さの順位から言えば、Could you ～? の下です。家族の間や親しい間柄では、何の問題もなく使えます。Can you meet the quota?（ノルマは達成できるかね）のように上司が部下に対して用いれば、「～できるかね？」という確認と取ることもできます。

実際の会話では、こんなふうに使います

A: **Can you** make it a little cheaper?
（少しまけてくれませんか）
B: Sorry, sir. I'm afraid we can't.
（申し訳ありませんが、できかねます）

◆厳選例文

① **Can you** hear me?
聞こえますか。

② **Can you** attend the meeting?
会議には出席できますか。

③ **Can you** explain in more detail?
もう少し詳しく説明してもらえませんか。

④ **Can you** make a copy for me?
コピーしてくれますか。

⑤ **Can you** show me that watch in the case?
ケースの中のあの時計を見せてもらえますか。

⑥ **Can you** ship this to Japan?
これを日本へ送ってもらえますか。

⑦ **Can you** make it a little cheaper?
少しまけてくれませんか。
⑧ **Can you** wrap it as a gift?
贈り物用に包んでもらえますか。

CDで力試し

①聞こえますか。
　Can you (me / hear)?
②会議には出席できますか。
　Can you (the meeting / attend)?
③もう少し詳しく説明してもらえませんか。
　Can you (explain / more detail / in)?
④コピーしてくれますか。
　Can you (for me / make / a copy)?
⑤ケースの中のあの時計を見せてもらえますか。
　Can you (that watch / show me / in the case)?
⑥これを日本へ送ってもらえますか。
　Can you (ship / to Japan / this)?
⑦少しまけてくれませんか。
　Can you (a little cheaper / it / make)?
⑧贈り物用に包んでもらえますか。
　Can you (it / as a gift / wrap)?

Step 5 相手に働きかける

11 Could I ～?
(少し丁寧な依頼の表現)

> Can I ～?を少し丁寧にした感じなのが、この Could I ～? です。「できれば…」という仮定法の気持ちが入っているぶん、ソフトに響きます。①のように「お名刺をいただけますか」と初対面の相手に使っても、失礼にはあたりません。

実際の会話では、こんなふうに使います

A: **Could I** have a menu, please?
(メニューを見せてください)

B: Sure can. Here you are.
(もちろんですとも。はい、どうぞ)

◆厳選例文

① **Could I** have one of your cards?
お名刺をいただけますか。

② **Could I** have your phone number?
電話番号をお教えください。

③ **Could I** speak to Mr. Green, please?
グリーンさんとお話ししたいのですが。(電話で)

④ **Could I** have your opinion?
ご意見をうかがいたいのですが。

⑤ **Could I** drop by for a minute?
ちょっと寄ってもいいですか。

⑥ **Could I** have a menu, please?
メニューを見せてください。

⑦ **Could I** see some less expensive ones?
もっと安い商品を見たいのですが。
⑧ **Could I** have a refund on this?
これは返品できますか。

CDで力試し

①お名刺をいただけますか。
　Could I (have / your cards / one of)?
②電話番号をお教えください。
　Could I (your / phone number / have)?
③グリーンさんとお話ししたいのですが。(電話で)
　Could I (to / speak / Mr. Green), please?
④ご意見をうかがいたいのですが。
　Could I (opinion / your / have)?
⑤ちょっと寄ってもいいですか。
　Could I (for / drop by / a minute)?
⑥メニューを見せてください。
　Could I (a menu / have), please?
⑦もっと安い商品を見たいのですが。
　Could I (less expensive ones / some / see)?
⑧これは返品できますか。
　Could I (a refund / on this / have)?

Step 5　相手に働きかける

12　Why don't you ~? / Will you ~?
(相手に誘いかける表現・「~してくれない？」という依頼)

「ちょっと寄って行きませんか」と誘うときは、Why don't you come over? と言います。また、Why don't we ~ と we を使うと、「~しましょうよ」という誘いかけの表現になります。もうひとつの表現、Will you ~? には「~してくれませんか」という丁寧な響きはなく、「~してくれない？」という「指示」的な響きがあります。上司や同僚に対して使うのは不適切です。

実際の会話では、こんなふうに使います

A: **Why don't we** take a short cut?
　（近道を使おうよ）
B: That's a good idea.
　（それはいい考えだね）

◆厳選例文

A　相手に誘いかける表現

① **Why don't you** join me for dinner?
　ご一緒に夕食でもどうですか。
② **Why don't you** use my cell phone?
　私の携帯電話を使えば。
③ **Why don't we** take a taxi?
　タクシーを使おうよ。
④ **Why don't we** take a short cut?
　近道を使おうよ。

B 「～してくれない？」という依頼

⑤ **Will you** pass me those documents?
そこの書類を取ってくれない？
⑥ **Will you** hold the line, please?
そのままお待ちください。（電話で）
⑦ **Will you** show me another one?
別のものを見せてください。
⑧ **Will you** take my order, please?
注文をお願いします。

CDで力試し

A　相手に誘いかける表現

①ご一緒に夕食でもどうですか。
　Why don't you (me / for dinner / join)?
②私の携帯電話を使えば。
　Why don't you (cell phone / use / my)?
③タクシーを使おうよ。
　Why don't we (a taxi / take)?
④近道を使おうよ。
　Why don't we (a short cut / take)?

B 「～してくれない？」という依頼

⑤そこの書類を取ってくれない？
　Will you (me / those documents / pass)?
⑥そのままお待ちください。（電話で）
　Will you (the line / hold), please?
⑦別のものを見せてください。
　Will you (show / another one / me)?
⑧注文をお願いします。
　Will you (take / order / my), please?

Step 6

自分の気持ちを表す

　子供の「いっつも『ダメ』ばっかり、ちっとも『うん』って言ってくれない」という自己主張の言葉の延長上にあるのが、「自分の気持ちを表す」という、Step 6 の段階です。

　ここでは、とっさのひとこと集をはじめ、I'm afraid 〜, I'm glad 〜, Thank you 〜, I'm sorry 〜, Don't 〜 などの表現を取り上げることにしました。

　次ページで、このステップで身につく厳選表現を、CD を聞きながら予習しておくことにしましょう。

Step 6で身につく厳選表現

1. **It 〜** (とっさのひとこと)
   君しだいだ。
   ( ) depends on you.

2. **That 〜** (とっさのひとこと)
   それで思い出した。
   ( ) reminds me.

3. **I 〜 / You 〜** (とっさのひとこと)
   そう言うと思ったよ。
   ( ) knew you would say that.
   それは言えてるね。
   ( ) could say that.

4. **You 〜** (気の利いたコメント)
   どうせダメモトだろ。
   ( ) have nothing to lose.

5. **I am 〜** (自分の気持ちや状態を述べる)
   感無量です。
   ( ) ( ) deeply moved.

6. **I'm sorry 〜**
   それは残念でした。
   ( ) ( ) to hear that.

Step 6 自分の気持ちを表す

7. I'm afraid 〜 （オブラートにくるんだ言い方）
あいにく予定が入っているんです。
　　(　　)(　　) I have other plans.

8. I'm glad 〜 など（さまざまな気持ちの表し方）
お目にかかれてうれしいです。
　　(　　)(　　) to meet you.

9. Thank you 〜 （感謝の示し方）
素敵なプレゼントをありがとう。
　　(　　)(　　) for the lovely present.

10. Don't 〜 （とっさのひとこと・親身の忠告）
そんなに改まらないでください。
　　(　　) be so formal.

1 It 〜
(とっさのひとこと)

とっさに「君しだいだ」と言いたいとき、短く It's up to you. と言います。ここでは、自分の気持ちを表す It 〜で始まるとっさのひとことを学びます。

◆厳選例文

① **It** depends on you.（君しだいだ）
② **It's** just your imagination.（気のせいだよ）
③ **It's** no laughing matter.（笑いごとじゃないよ）
④ **It's** your own fault.（自業自得さ）
⑤ **It's** too good to be true.（まさかね）

CDで力試し

①君しだいだ。
　It (on / depends / you).
②気のせいだよ。
　It's (your / just / imagination).
③笑いごとじゃないよ。
　It's (no / laughing / matter).
④自業自得さ。
　It's (own / fault / your).
⑤まさかね。
　It's (good / to be true / too).

Step 6 自分の気持ちを表す

2 That 〜
(とっさのひとこと)

> とっさに「それはやりすぎだよ」と言うときは、That's going too far. と言います。このように、That 〜で始まる短い決めぜりふが数多くあるので、見ていきましょう。

実際の会話では、こんなふうに使います

A: I couldn't join the dinner party because I had to work overtime last night.
(昨夜は残業で夕食会に行けませんでした)

B: **That**'s too bad!
(残念でしたね)

◆厳選例文

① **That** reminds me.
それで思い出した。

② **That**'s an attractive offer.
魅力的なお話ですね。

③ **That** makes no sense.
それは道理に合わない。

④ **That**'s not the point.
そういう問題じゃないんだ。

⑤ **That** won't do.
それじゃダメだ。

⑥ **That**'s not what you said before.
話が違うよ。

⑦ **That**'s too bad!
残念でしたね。
⑧ **That**'s not what I meant.
そう言うつもりじゃなかったんだ。

CDで力試し

①それで思い出した。
That (me / reminds).
②魅力的なお話ですね。
That's (attractive / an / offer).
③それは道理に合わない。
That (makes / sense / no).
④そういう問題じゃないんだ。
That's (the point / not).
⑤それじゃダメだ。
That (do / won't).
⑥話が違うよ。
That's (not / before / what you said).
⑦残念でしたね。
That's (bad / too)!
⑧そう言うつもりじゃなかったんだ。
That's (what / not / I meant).

Step 6 自分の気持ちを表す

3 I ～ / You ～
(とっさのひとこと)

とっさに「そう言うと思ったよ」と言いたいとき、I knew you would say that. と言います。このように、I～で始まる短い決めぜりふが数多くあるので、見ていきましょう。また、とっさに「それは言えてるね」と言いたいとき、You could say that. と言います。You ～で始まる短い決めぜりふも数多くあるので、ついでに見ていきましょう。

実際の会話では、こんなふうに使います

A: We had better accept his proposal.
（彼の提案を受け入れるべきです）
B: I suppose you're right.
（君の言う通りかもしれない）

◆厳選例文

A I～で始まる決めぜりふ

① **I wish I were you.**
うらやましい。

② **I suppose you're right.**
君の言う通りかもしれない。

③ **I'm counting on you.**
当てにしているよ。

④ **I'd appreciate it if you would.**
そうしてもらえるとありがたい。

B　You ～で始まる決めぜりふ

⑤ **You** guessed it.
　当たりだよ。
⑥ **You** can't be serious!
　冗談じゃないよ。
⑦ **You** must be joking!
　冗談だろ！
⑧ **You**'ve got me wrong.
　誤解です。

CDで力試し

A　I ～で始まる決めぜりふ

①うらやましい。
　I (wish / you / I were).
②君の言う通りかもしれない。
　I (right / you're / suppose).
③当てにしているよ。
　I'm (you / counting / on).
④そうしてもらえるとありがたい。
　I'd (appreciate / if you would / it).

B　You ～で始まる決めぜりふ

⑤当たりだよ。
　You (it / guessed).
⑥冗談じゃないよ。
　You (can't / serious / be)!
⑦冗談だろ！
　You (must / joking / be)!
⑧誤解です。
　You've (me / got / wrong).

Step 6 自分の気持ちを表す

4 You 〜
（気の利いたコメント）

> 「どうせダメモトだろ」と相手にコメントしたいときは、You have nothing to lose. と言います。ここでは、You 〜で始まる気の利いた表現を集めて、学んでいただきます。

実際の会話では、こんなふうに使います

A: I passed the examination.
（試験に受かりました）
B: **You**'ve done a good job!
（やったね！）

◆厳選例文

① **You**'re not the only one.
お互い様さ。

② **You**'re too optimistic.
君は甘すぎるよ。

③ **You** need to take it easy.
気楽に考えたら。

④ **You**'re missing the point.
わかってないなあ。

⑤ **You** said it first.
君が言いだしっぺだよ。

⑥ **You**'ll regret it later.
あとで後悔するぞ。

⑦ **You**'ve done a good job!
やったね！

⑧ **You**'re wasting your time.
時間の無駄さ。

CDで力試し

①お互い様さ。
You're (the only / one / not).
②君は甘すぎるよ。
You're (optimistic / too).
③気楽に考えたら。
You (easy / to take it / need).
④わかってないなあ。
You're (the point / missing).
⑤君が言いだしっぺだよ。
You (it / said / first).
⑥あとで後悔するぞ。
You'll (regret / later / it).
⑦やったね！
You've (a good / job / done)!
⑧時間の無駄さ。
You're (time / your / wasting).

Step 6 自分の気持ちを表す

5 I am 〜
(自分の気持ちや状態を述べる)

「お目にかかれて光栄です」と言いたいときは、I'm honored to meet you. と言います。ここでは、I am (I'm) 〜で始まる文で、自分の気持ちや状態の表し方を学びます。

実際の会話では、こんなふうに使います

A: Do you want to dance?
（踊りたいですか）
B: **I'm** not in the mood.
（そんな気分じゃありません）

◆厳選例文

① **I am** deeply moved.
感無量です。
② **I am** really touched.
感激しました。
③ **I'm** not in the mood.
そういう気分じゃありません。
④ **I'm** shocked.
ショックです。
⑤ **I'm** disappointed!
がっかりです。
⑥ **I'm** exhausted.
くたくたです。
⑦ **I'm** sick and tired of it!
もううんざりです。

⑧ **I'm** confused.
　戸惑っています。

CDで力試し

①感無量です。
　I am (moved / deeply).
②感激しました。
　I am (touched / really).
③そういう気分じゃありません。
　I'm (the mood / in / not).
④ショックです。
　I'm s_____.
⑤がっかりです。
　I'm d_____!
⑥くたくたです。
　I'm e_____.
⑦もううんざりです。
　I'm (of / sick and tired / it)!
⑧戸惑っています。
　I'm c_____.

Step 6 自分の気持ちを表す

6 I'm sorry 〜
(オブラートにくるんだ言い方①)

CD 46

「よく聞き取れないのですが」I can't hear you very well.と言うとき、文頭に I'm sorry をつけると、ぐっと口調が和らぎます。ここでは、I'm sorry 〜 の表現を学びます。

実際の会話では、こんなふうに使います

A: I'd like to see you next Wednesday.
　（来週の水曜日にお会いしたいのですが）
B: **I'm sorry** I'll be busy next week.
　（あいにく、来週は忙しいのです）

◆厳選例文

① **I'm sorry** to hear that.
　それは残念でした。
② **I'm sorry** to interrupt you.
　お話し中、申し訳ありません。
③ **I'm sorry** to bother you.
　お手数をおかけして、申し訳ありません。
④ **I'm sorry** to have kept you waiting.
　お待たせして、すみません。
⑤ **I'm sorry** I'll be busy next week.
　あいにく、来週は忙しいのです。
⑥ **I'm sorry** I have another appointment.
　残念ですが、他に約束があるもので。
⑦ **I'm sorry** I'm late.
　遅くなってごめんなさい。

⑧ **I'm sorry**, I must have misdialed.
すみません、番号を間違えました。

CDで力試し

①それは残念でした。
　I'm sorry (that / hear / to).
②お話し中、申し訳ありません。
　I'm sorry (interrupt / to / you).
③お手数をおかけして、申し訳ありません。
　I'm sorry (you / to / bother).
④お待たせして、すみません。
　I'm sorry (to / waiting / have kept you).
⑤あいにく、来週は忙しいのです。
　I'm sorry (next week / I'll / be busy).
⑥残念ですが、他に約束があるもので。
　I'm sorry (another / appointment / I have).
⑦遅くなってごめんなさい。
　I'm sorry (late / I'm).
⑧すみません、番号を間違えました。
　I'm sorry, (must have / I / misdialed).

Step 6 自分の気持ちを表す

7 I'm afraid ～
(オブラートにくるんだ言い方②)

CD 47

「もう生産しておりません」と言うとき、We no longer manufacture it. だけだとぶっきらぼうですが、I'm afraid を前につけると、「あいにく、残念ながら」と相手に対する気づかいが生まれます。

実際の会話では、こんなふうに使います

A: **I'm afraid** you have the wrong number.
(番号をお間違えではないでしょうか)
B: Oh, sorry for troubling you.
(お騒がせしてすみませんでした)

◆厳選例文

① **I'm afraid** I can't help you.
お手伝いできなくて、すみません。
② **I'm afraid** I have other plans.
あいにく予定が入っているんです。
③ **I'm afraid** I won't be able to come.
せっかくですが、うかがうことができません。
④ **I'm afraid** I'll be ten minutes late.
申し訳ありませんが、10分ほど遅れます。
⑤ **I'm afraid** I must be going.
もう失礼しなければなりません。
⑥ **I'm afraid** he's in conference.
あいにく、彼はただいま会議中です。

⑦ **I'm afraid** she's not available now.
あいにく、今は電話に出られないようです。
⑧ **I'm afraid** you've dialed the wrong number.
番号をお間違えではないでしょうか。

CDで力試し

①お手伝いできなくて、すみません。
　I'm afraid (help / you / I can't).
②あいにく予定が入っているんです。
　I'm afraid (other plans / have / I).
③せっかくですが、うかがうことができません。
　I'm afraid (won't be able / to come / I).
④申し訳ありませんが、10分ほど遅れます。
　I'm afraid (late / I'll be / ten minutes).
⑤もう失礼しなければなりません。
　I'm afraid (must be / I / going).
⑥あいにく、彼はただいま会議中です。
　I'm afraid (in / conference / he's).
⑦あいにく、今は電話に出られないようです。
　I'm afraid (not available / now / she's).
⑧番号をお間違えではないでしょうか。
　I'm afraid (the wrong number / you've / dialed).

Step 6 自分の気持ちを表す

8 I'm glad ～ など
(さまざまな気持ちの表し方)

I'm sorry や I'm afraid 以外に、文頭に置いて気持ちを表現する言い方には、I'm glad, I'm happy, I'm relieved, I'm disappointed, I'm ashamed などがあります。

実際の会話では、こんなふうに使います

A: The astronaut returned home from space to Japan safely.
（宇宙飛行士は無事に宇宙から日本に帰国しました）
B: **I'm relieved** to hear it.
（それを聞いてほっとしました）

◆厳選例文

① **I'm glad** to meet you.
お目にかかれてうれしいです。

② **I'm happy** to have known you.
あなたと知り合いになれて幸せです。

③ **I'm relieved** to hear it.
それを聞いてほっとしました。

④ **I'm disappointed** in you.
君には失望したよ。

⑤ **I'm ashamed** of myself.
われながらお恥ずかしい。

⑥ **I was shocked** by the accident.
あの事故はショックでした。

⑦ **I was confused** by her question.
彼女の質問に頭が混乱しました。

⑧ **I was** deeply **moved** by the novel.
　私はその小説を読んで深く感動しました。

CDで力試し

①お目にかかれてうれしいです。
　I'm glad (meet / you / to).
②あなたと知り合いになれて幸せです。
　I'm happy (known / you / to have).
③それを聞いてほっとしました。
　I'm relieved (it / hear / to).
④君には失望したよ。
　I'm disappointed (you / in).
⑤われながらお恥ずかしい。
　I'm ashamed (myself / of).
⑥あの事故はショックでした。
　I was shocked (the accident / by).
⑦彼女の質問に頭が混乱しました。
　I was confused (by / question / her).
⑧私はその小説を読んで深く感動しました。
　I was deeply moved (the novel / by).

Step 6 自分の気持ちを表す

9 Thank you ～
(感謝の示し方)

Thank you for the present.のように〈Thank you for＋名詞〉の形と、Thank you for calling.のように〈Thank you for＋～ing〉の形があります。⑦⑧の Thanks. はよりくだけた言い方です。

実際の会話では、こんなふうに使います

A: **Thank you** for cheering me up.
（励ましてくれてありがとう）
B: It's unlike you to be depressed.
（沈んだ顔は君に似合わないからね）

◆厳選例文

① **Thank you** for the lovely present.
素敵なプレゼントをありがとう。
② **Thank you** for everything you did.
いろいろとありがとうございました。
③ **Thank you** for all of your time in this.
時間を割いていただき、ありがとうございました。
④ **Thank you** for your concern.
ご心配をおかけしました。
⑤ **Thank you** for cheering me up.
励ましてくれてありがとう。
⑥ **Thank you** for inviting me.
ご招待いただき、ありがとうございました。

⑦ **Thanks** for telling me.
知らせてくれてありがとう。
⑧ **Thanks** for your cooperation.
ご協力、ありがとうございます。

CDで力試し

①素敵なプレゼントをありがとう。
　Thank you for (present / the lovely).
②いろいろとありがとうございました。
　Thank you for (you / everything / did).
③時間を割いていただき、ありがとうございました。
　Thank you for (all of / in this / your time).
④ご心配をおかけしました。
　Thank you for (concern / your).
⑤励ましてくれてありがとう。
　Thank you for (up / me / cheering).
⑥ご招待いただき、ありがとうございました。
　Thank you for (me / inviting).
⑦知らせてくれてありがとう。
　Thanks for (me / telling).
⑧ご協力、ありがとうございます。
　Thanks for (cooperation / your).

Step 6 自分の気持ちを表す

10 Don't ～
(とっさのひとこと・親身の忠告)

Please feel at home.（普段の通りにしてください）は、Don't ～ という否定形の命令文を使って、Don't be so formal.（そんなに改まらないでください）のように表すことができます。また、Don't ～ は、「あまり窮屈に考えないで」 Don't be so narrow-minded. のように、親身の忠告をするときにも使えます。

実際の会話では、こんなふうに使います

A: **Don't** be silly.
　　(ばかなことを言うなよ)
B: It's just a joke.
　　(ほんの冗談だよ)

◆厳選例文

A　とっさのひとこと

① **Don't** tease me.
　からかわないでよ。
② **Don't** be silly.
　ばかなことを言うなよ。
③ **Don't** tell me about it.
　その話はやめて。
④ **Don't** be so selfish!
　勝手なことばかり言うなよ。

B　親身の忠告

⑤ **Don't** be so impatient.

そんなにあせらないで。
⑥ **Don't** take it seriously.
深刻に考えないで。
⑦ **Don't** blame yourself.
自分を責めないで。
⑧ **Don't** let it happen again.
二度とこんなことのないようにね。

CDで力試し

A　とっさのひとこと
①からかわないでよ。
　Don't (me / tease).
②ばかなことを言うなよ。
　Don't (silly / be).
③その話はやめて。
　Don't (about it / tell / me).
④勝手なことばかり言うなよ。
　Don't (so / be / selfish)!

B　親身の忠告
⑤そんなにあせらないで。
　Don't (so / impatient / be).
⑥深刻に考えないで。
　Don't (seriously / it / take).
⑦自分を責めないで。
　Don't (yourself / blame).
⑧二度とこんなことのないようにね。
　Don't (let it / again / happen).

Step 7

自分について述べる

　子供の「手袋をなくした！」「手袋を見つけた！」「ガマンできなかった！」などの自己表現の延長上にあるのが、「自分について述べる」という、Step 7 の段階です。

　ここでは、代表的な、I like ～、I have ～、I'll ～、I feel ～、I need ～、I must [have to] ～、I'm ～ ing、I can't ～ などの表現を取り上げていきます。

　次ページで、このステップで身につく厳選表現を、CD を聞きながら予習しておくことにしましょう。

Step 7で身につく厳選表現

1. **I like ～**（自分の好みを知らせる）
   紅茶は熱いのが好みです。
   (   ) (   ) my tea very hot.

2. **I'm ＋前置詞**（自分の態度や状態を表す）
   彼の提案には賛成です。
   (   ) for his proposal.

3. **I'm ＋過去分詞**（のっぴきならない状況を表すのに便利な表現）
   私は時給で働いています。
   (   ) paid by the hour.

4. **I have ～**（自分の現在の状況を話す）
   私も同意見です。
   (   ) (   ) the same opinion.

5. **I'll ～**（これから自分が行う行為を予告する）
   彼のオフィスまでご案内いたします。
   (   ) show you to his office.

6. **I feel ～**（自分の気持ちや体調を告げる）
   寒気がします。
   (   ) (   ) chilly.

Step 7 自分について述べる

7. I need 〜 / I must [have to] 〜
(どうしても自分に必要なことを伝える)
報告書を準備するのに3日は必要です。
(   )(   ) three days to prepare the report.
もうおいとましなくては。
(   )(   ) be going now.

8. I + 一般動詞 / I + 一般動詞の過去形
(自分の考えや状態を宣言する・自分のやったことを告げる)
自分の限界はわかっています。
(   )(   ) my limits.　→答えは **I know**
鍵をなくしました。
(   )(   ) my key.　→答えは **I lost**

9. I'm 〜 ing (自分が今やっていることを告げる)
ただ見ているだけです。(店で)
(   ) just (   ) around.　→答えは **I'm** と **looking**

10. I've + 過去分詞 (過去から現在に至る事情を伝える表現)
気が変わりました。
(   )(   ) my mind.　→答えは **I've changed**

11. I can't 〜 (自分にできないことを宣言する)
おっしゃっていることがわかりません。
(   )(   ) see your point.

12. I don't 〜 (自分について何かを否定して言う)
言い訳は聞きたくありません。
(   )(   ) want to hear any excuse.

1 I like ～
（自分の好みを知らせる）

「紅茶は熱いのが好みです」と言いたいときは、I like my tea very hot. と言います。I like ～は自分の好みを相手に知らせる最も簡単な表現法です。

◆厳選例文

① **I like** reading.（読書が好きです）
② **I like** watching sports.（スポーツ観戦が好きです）
③ **I like** video games.（テレビゲームが好きです）
④ **I like** being alone.（私はひとりでいるのが好きです）

CDで力試し

①読書が好きです。
　I like r_____.
②スポーツ観戦が好きです。
　I like (sports / watching).
③テレビゲームが好きです。
　I like (games / video).
④私はひとりでいるのが好きです。
　I like (alone / being).

Step 7 自分について述べる

2 I'm ＋前置詞
（自分の態度や状態を表す）

「彼の提案には賛成〔反対〕です」は、I'm for[against] his proposal. と言います。このように、〈I'm ＋前置詞〉という簡単な組み合わせで、自分のことを雄弁に語ることができます。

実際の会話では、こんなふうに使います

A: How about some cookies?
（クッキー食べる？）
B: No, thanks. **I'm on** a diet.
（やめとくわ。今ダイエット中なの）

◆厳選例文

① **I'm for** your opinion.
私はあなたの意見に賛成です。

② **I'm on** your side.
いつでもお力になります。

③ **I'm at** a loss.
困った。

④ **I'm in** a hurry.
時間がありません。

⑤ **I'm with** the ABC Publishing Company.
ABC 出版社に勤めております。

⑥ **I'm into** video games.
私はテレビゲームに熱中しています。

⑦ **I'm on** a diet.
私はダイエット中です。

⑧ **I'm out** of cash.
現金の持ち合わせはありません。

CDで力試し

①私はあなたの意見に賛成です。
I'm for (opinion / your).
②いつでもお力になります。
I'm on (side / your).
③困った。
I'm (at / loss / a).
④時間がありません。
I'm (hurry / a / in).
⑤ ABC 出版社に勤めております。
I'm with (Publishing / Company / the ABC).
⑥私はテレビゲームに熱中しています。
I'm into (games / video).
⑦私はダイエット中です。
I'm on a d_____.
⑧現金の持ち合わせはありません。
I'm out of c_____.

Step 7 自分について述べる

3 I'm ＋過去分詞
（のっぴきならない状況を表すのに便利な表現）

意外に使えるのが、この「I'm ＋過去分詞」の形です。I'm tired.（疲れた）、I'm drunk.（酔っぱらってしまいました）のように、形容詞と見分けがつかないものも少なくありません。

実際の会話では、こんなふうに使います

A: May I borrow fifty dollars?
　　（50ドル貸してくれませんか）
B: Sorry, **I'm broke**.
　　（すみません、私はすっからかんです）

◆厳選例文

① **I'm married**.
　私は結婚しています。
② **I'm broke**.
　私はすっからかんです。
③ **I'm paid** by the hour.
　私は時給で働いています。
④ **I'm** just **preoccupied** with my work.
　私は仕事で頭がいっぱいです。
⑤ **I'm tied** up with something urgent.
　今、急ぎの仕事で手が離せません。
⑥ **I'm opposed** to that project.
　私はその計画には反対です。
⑦ **I'm convinced** of her innocence.
　私は彼女の無実を確信しています。

⑧ **I'm obligated** to him.
彼には恩があります。

CDで力試し

①私は結婚しています。
　I'm m_____.
②私はすっからかんです。
　I'm b_____.
③私は時給で働いています。
　I'm paid (the hour / by).
④私は仕事で頭がいっぱいです。
　I'm just preoccupied (with / work / my).
⑤今、急ぎの仕事で手が離せません。
　I'm tied (urgent / with something / up).
⑥私はその計画には反対です。
　I'm opposed (that project / to).
⑦私は彼女の無実を確信しています。
　I'm convinced (innocence / of / her).
⑧彼には恩があります。
　I'm obligated (him / to).

Step 7 自分について述べる

4 I have ～
（自分の現在の状況を話す）

I have ～ も自分の状況を話すのに便利な表現です。I have fifteen years' seniority. と言えば、「私は勤続 15 年です」という状況を表します。

実際の会話では、こんなふうに使います

A: **I have** an appointment with him at four.
（4 時にお約束がしてあります）

B: Please come this way.
（どうぞこちらへ）

◆厳選例文

① **I have** confidence in you.
あなたを信頼しています。

② **I have** good news for you.
よい知らせがあります。

③ **I have** an appointment with him at four.
4 時に彼とお約束があります。

④ **I** already **have** plans tomorrow.
明日は都合が悪いんです。

⑤ **I have** a reservation for a twin.
ツインの部屋を予約してあります。

⑥ **I have** a car waiting outside.
外に車を待たせてあります。

⑦ **I have** experience in teaching English.
私は英語を教えた経験があります。

⑧ **I have** such a short memory.
　度忘れしました。

CDで力試し

①あなたを信頼しています。
　I have (in / confidence / you).
②よい知らせがあります。
　I have (good news / you / for).
③4時に彼とお約束があります。
　I have (with him / at four / an appointment).
④明日は都合が悪いんです。
　I already have (tomorrow / plans).
⑤ツインの部屋を予約してあります。
　I have (a twin / a reservation / for).
⑥外に車を待たせてあります。
　I have (waiting / outside / a car).
⑦私は英語を教えた経験があります。
　I have (English / in teaching / experience).
⑧度忘れしました。
　I have (such / memory / a short).

Step 7 自分について述べる

5 I'll ~
(これから自分が行う行為を予告する)

「部屋までご案内いたします」のように、自分がこれからする行為を予告する言い方と、「5時までには戻る予定です」のように今後の予定を伝える言い方を学びます。

実際の会話では、こんなふうに使います

A: When will we see you again?
（次回はいつお会いできますか）
B: **I'll** check my schedule for this week.
（今週の予定を見てみましょう）

◆厳選例文

① **I'll** show you to his office.
彼のオフィスまでご案内いたします。
② **I'll** connect you to extension 204.
内線204におつなぎします。
③ **I'll** try to contact him.
彼に連絡を取ってみましょう。
④ **I'll** tell him that you called.
お電話があったことをお伝えしておきます。
⑤ **I'll** check my schedule for this week.
今週の予定を見てみましょう。
⑥ **I'll** be back by five o'clock.
5時までには戻る予定です。
⑦ **I'll** be busy that day.
その日は忙しいんです。

⑧ **I'll** stay for three days.
　３日間の滞在予定です。

CDで力試し

①彼のオフィスまでご案内いたします。
　I'll (you / show / to his office).
②内線 204 におつなぎします。
　I'll (connect / to extension 204 / you).
③彼に連絡を取ってみましょう。
　I'll (him / try / to contact).
④お電話があったことをお伝えしておきます。
　I'll (him / tell / that you called).
⑤今週の予定を見てみましょう。
　I'll (my schedule / check / for this week).
⑥５時までには戻る予定です。
　I'll (be back / five o'clock / by).
⑦その日は忙しいんです。
　I'll (busy / that day / be).
⑧３日間の滞在予定です。
　I'll (three days / stay / for).

Step 7 自分について述べる

6 I feel 〜
（自分の気持ちや体調を告げる）

> I feel 〜 は、気持ちや体調を表すのによく用いられます。例えば、I feel great! は「いい気分だ」ですし、I feel chilly. は「寒気がします」という意味です。

実際の会話では、こんなふうに使います

A: **I feel** lonely.
　（さびしいわ）
B: You can see him next Sunday.
　（来週の日曜日に彼に会えるじゃない）

◆厳選例文

① **I feel** better.
　少し気分がよくなりました。
② **I feel** really down.
　落ち込んでいます。
③ **I feel** lonely.
　さびしく感じます。
④ **I feel** sad.
　悲しい気がする。
⑤ **I feel** dizzy.
　めまいがします。
⑥ **I feel** feverish.
　熱っぽく感じます。
⑦ **I feel** like vomiting.
　はき気がします。

⑧ **I feel** pain here.
　ここが痛みます。

CDで力試し

①少し気分がよくなりました。
　I feel b_____.
②落ち込んでいます。
　I feel (down / really).
③さびしく感じます。
　I feel l_____.
④悲しい気がする。
　I feel s_____.
⑤めまいがします。
　I feel d_____.
⑥熱っぽく感じます。
　I feel f_____.
⑦はき気がします。
　I feel (vomiting / like).
⑧ここが痛みます。
　I feel (here / pain).

Step 7 自分について述べる

7 I need 〜 / I must [have to] 〜
(どうしても自分に必要なことを伝える)

I need only ten minutes. は「10分だけ必要です」、つまり「ほんの10分、時間をください」という意味です。また、I have to 〜は「そうせざるを得ない状況にある」ということを表しています。例えば、⑧は「やむを得ない事情でキャンセルしなければならない」ということ。これに対し、I must 〜 は、「自分はそうせざるを得ないと思う」という、話者の主観的な確信を表します。

実際の会話では、こんなふうに使います

A: **I need** three days to prepare the report.
(報告書を準備するのに3日は必要です)
B: Submit it to me sometime this week.
(今週中に提出してください)

◆厳選例文

A　どうしても自分に必要なことを伝える

① **I need** somebody who understands Japanese.
日本語がわかる人はいませんか。

② **I need** three days to prepare the report.
報告書を準備するのに3日は必要です。

③ **I need** to speak with him now.
今、どうしても彼と話がしたいのですが。

④ **I need** to put 50,000 yen into the bank.
銀行に5万円預ける必要があります。

B　せざるを得ないことを表す

⑤ **I must** be going now.
　もうおいとましなくては。
⑥ **I must** stay home today.
　今日は家にいなければなりません。
⑦ **I have to** work overtime today.
　今日は残業しなくてはなりません。
⑧ **I have to** cancel my reservation.
　予約を取り消さなければならなくなったのですが。

CDで力試し

A　どうしても自分に必要なことを伝える

①日本語がわかる人はいませんか。
　I need (who / understands Japanese / somebody).
②報告書を準備するのに3日は必要です。
　I need (the report / three days / to prepare).
③今、どうしても彼と話がしたいのですが。
　I need to (with him / now / speak).
④銀行に5万円預ける必要があります。
　I need to (put / into the bank / 50,000 yen).

B　せざるを得ないことを表す

⑤もうおいとましなくては。
　I must (going / now / be).
⑥今日は家にいなければなりません。
　I must (today / home / stay).
⑦今日は残業しなくてはなりません。
　I have to (overtime / work / today).
⑧予約を取り消さなければならなくなったのですが。
　I have to (cancel / reservation / my).

Step 7 自分について述べる

8 I＋一般動詞 / I＋一般動詞の過去形
(自分の考えや状態を宣言する・自分のやったことを告げる)

I understand. は「わかりました」という意思表示です。また、I give in.は「参りました」という意思表示です。〈I＋一般動詞〉は、自分の考えや状態をきっぱりと宣言するときに便利です。また、「英語がうまいですねえ」と言われて「独学なんです」と答えるとき、I learned it on my own. または I learned it by myself. と言います。〈I＋一般動詞の過去形〉は、自分がやったことを相手に告げる言い方です。

実際の会話では、こんなふうに使います

A: Can you handle the job?
　（あなたにその仕事が処理できますか）
B: **I promise** I will do my best.
　（一生懸命やりますから）

◆厳選例文

A　自分の考えや状態を宣言する

① **I give** up.
　お手上げです。

② **I appreciate** it.
　ありがたいです。

③ **I hate** being alone.
　ひとりぼっちは嫌いです。

④ **I promise** I will do my best.
　一生懸命やりますから。

B　自分のやったことを告げる

⑤ **I ate** too much.
　食べ過ぎました。
⑥ **I had** a hard time.
　ひどい目にあいました。
⑦ **I lost** my key.
　鍵をなくしました。
⑧ **I** carelessly **left** the window open.
　うっかり窓を開けっ放しにしました。

CDで力試し

A　自分の考えや状態を宣言する

①お手上げです。
　I g_____ up.
②ありがたいです。
　I a_____ it.
③ひとりぼっちは嫌いです。
　I hate (alone / being).
④一生懸命やりますから。
　I promise (my best / I will / do).

B　自分のやったことを告げる

⑤食べ過ぎました。
　I ate (much / too).
⑥ひどい目にあいました。
　I had (a / time / hard).
⑦鍵をなくしました。
　I lost (key / my).
⑧うっかり窓を開けっ放しにしました。
　I carelessly left (open / the window).

Step 7 自分について述べる

9 I'm ～ ing
（自分が今やっていることを告げる）

店で I'm just looking. とか I'm just looking around. と言えば、「ただ見ているだけです」と店員にシグナルを送ることができます。自分が今やっていることや現在の状態を相手に伝えるには現在進行形が最適です。

実際の会話では、こんなふうに使います

A: **I'm suffering** from a cold.
（風邪をひいています）
B: I hope you'll be well.
（お大事になさってください）

◆厳選例文

① **I'm listening**.
話を聞いてるよ。
② **I'm following** you.
わかります〔話についていっていますよ〕。
③ **I'm counting** on you.
頼りにしているよ。
④ **I'm** not **feeling** well.
体調がよくありません。
⑤ **I'm suffering** from a cold.
風邪をひいています。
⑥ **I'm starving**.
おなかがペコペコだ。

⑦ **I'm** just kill**ing** time.
　ひまつぶしをしているだけです。
⑧ **I'm** call**ing** about your order.
　ご注文いただいた件でお電話しております。

CDで力試し

①話を聞いてるよ。
　I'm l_____.
②わかります〔話についていっていますよ〕。
　I'm f_____ you.
③頼りにしているよ。
　I'm counting (you / on).
④体調がよくありません。
　I'm not feeling w_____.
⑤風邪をひいています。
　I'm suffering (a / cold / from).
⑥おなかがペコペコだ
　I'm s_____.
⑦ひまつぶしをしているだけです。
　I'm just killing t_____.
⑧ご注文いただいた件でお電話しております。
　I'm calling (your / about / order).

Step 7 自分について述べる

CD 61

10 I've ＋過去分詞
(過去から現在に至る事情を伝える表現)

〈I've ＋過去分詞〉は、いわゆる現在完了の形です。現在から切り離された過去の事柄を扱う過去形と異なり、必ず何か現在に関係する事柄を伝える表現法です。

実際の会話では、こんなふうに使います

A: **I've decided** to quit smoking.
　（たばこをやめる決心をしました）
B: That's good for your health.
　（健康のためにそれがいいですよ）

◆厳選例文

① **I've come** to say good-bye.
　お別れを言いにやって来ました。
② **I've decided** to quit smoking.
　たばこをやめる決心をしました。
③ **I've arranged** your schedule.
　スケジュールを決めさせていただきました。
④ **I've lost** my passport.
　パスポートをなくしました。
⑤ **I've been** to China and Singapore.
　中国とシンガポールに行ってきました。
⑥ **I've enjoyed** your company.
　ご一緒できて楽しかったです。
⑦ **I've been** ill since last week.
　先週から具合が悪いんです。

⑧ **I've heard** a lot about you.
お噂はかねがねうかがっております。

CDで力試し

①お別れを言いにやって来ました。
I've come (to / good-bye / say).
②たばこをやめる決心をしました。
I've decided (to / smoking / quit).
③スケジュールを決めさせていただきました。
I've arranged (schedule / your).
④パスポートをなくしました。
I've lost (passport / my).
⑤中国とシンガポールに行ってきました。
I've been (and Singapore / to / China).
⑥ご一緒できて楽しかったです。
I've enjoyed (company / your).
⑦先週から具合が悪いんです。
I've been (since / ill / last week).
⑧お噂はかねがねうかがっております。
I've heard (about / a lot / you).

CD 62

11 I can't ～
（自分にできないことを宣言する）

I can't help it. は「どうしようもない」、I can't stand it. は「私には耐えられない」という意味です。自分には無理なことを表すのに、I can't ～ が使われます。

実際の会話では、こんなふうに使います

A: **I can't** thank you enough.
（お礼の言いようがありません）

B: You're welcome.
（どういたしまして）

◆厳選例文

① **I can't** keep up.
話についていけません。

② **I can't** see your point.
おっしゃっていることがわかりません。

③ **I can't** believe it.
信じられない。

④ **I can't** retreat now.
もう後には引けない。

⑤ **I can't** get along with him.
彼はどうも苦手だ。

⑥ **I can't** thank you enough.
お礼の言いようがありません。

⑦ **I can't** meet your expectations.
あなたの期待に沿うことはできません。

⑧ **I can't** afford the time.
   時間の余裕がありません。

CDで力試し

①話についていけません。
   I can't (up / keep).
②おっしゃっていることがわかりません。
   I can't (your / point / see).
③信じられない。
   I can't (it / believe).
④もう後には引けない。
   I can't (now / retreat).
⑤彼はどうも苦手だ。
   I can't (get / with him / along).
⑥お礼の言いようがありません。
   I can't (enough / thank / you).
⑦あなたの期待に沿うことはできません。
   I can't (your / expectations / meet).
⑧時間の余裕がありません。
   I can't (the time / afford).

Step 7 自分について述べる

12 I don't ～
(自分について何かを否定して言う)

I don't feel like it. は「気が乗りません」、I don't feel good. は「気分がすぐれません」という意味です。I don't ～ は、自分について何かを否定して言う表現です。

実際の会話では、こんなふうに使います

A: Do you like the wine?
(そのワインは気に入りましたか)
B: **I don't** care for it.
(私は好きではありません)

◆厳選例文

① **I don't** mind.
気にしてません。

② **I don't** remember.
思い出せません。

③ **I don't** understand what you mean.
あなたが何を言っているのかわかりません。

④ **I don't** care for it.
私は好きではありません。

⑤ **I don't** believe him.
彼の言うことは信じられない。

⑥ **I don't** know what to say.
何と申し上げたらよいかわかりません。

⑦ **I don't** have a minute to spare.
まったく時間の余裕がありません。

⑧ **I don't** have a reservation.
予約していないのですが。

CDで力試し

①気にしてません。
　I don't m_____.
②思い出せません。
　I don't r_____.
③あなたが何を言っているのかわかりません。
　I don't (understand / you mean / what).
④私は好きではありません。
　I don't (for / care / it).
⑤彼の言うことは信じられない。
　I don't (him / believe).
⑥何と申し上げたらよいかわかりません。
　I don't (what / to say / know).
⑦まったく時間の余裕がありません。
　I don't (a minute / to spare / have).
⑧予約していないのですが。
　I don't (a reservation / have).

Step 8

第三者について述べる

　子供の「犬はワンワン」「鳥はチュンチュン」とか、「ジャスティンはマークよりやせている」などの表現の延長上にあるのが、「第三者について述べる」という、Step 8 の段階です。

　「第三者」には、I, we, you 以外のすべてのものが入ります。人、動物、物・事、抽象物のすべてが該当します。したがって、例をあげていけば、きりがありません。

　突然ことわざの話をすると唐突に思うかもしれませんが、ことわざは「第三者文」の宝庫です。なぜなら、ことわざは「私」や「あなた」を語らない世界だからです。

　この項では、まず、私のお気に入りのことわざをご紹介し、そのあと、「第三者文」の代表として、アインシュタイン、エジソン、ピカソなどの超有名人を主語にした英文をお見せしたいと思っています。これらを、無数にある「第三者文」の代表としてお読みください。

　その前に、ことわざに関することわざ、というのをひとつ紹介しておきましょう。

　A proverb is the wit of one and the wisdom of many.
　（ことわざは、ある人の機知が、みんなの知恵と化したもの）

1 ことわざコレクション①
(時間に関することわざ)

CD 64

Time flys.（時は飛び去る）という、たった2単語のことわざがあります。また、One cannot put back the clock.（時計の針を戻すことはできない）ということわざもあります。ここでは、時に関することわざを集めてみました。

◆厳選例文

① Time has wings.
　時は翼を持っている。
② Time cures all things.
　時はすべてを癒してくれる。
③ Time is a great healer.
　時は偉大な癒し手。
④ Pleasant hours fly fast.
　楽しい時間は飛ぶように過ぎる。

CDで力試し

①時は翼を持っている。
　Time has w_____.
②時はすべてを癒してくれる。
　Time c_____ all things.
③時は偉大な癒し手。
　Time is a great h_____.
④楽しい時間は飛ぶように過ぎる。
　Pleasant hours f_____ fast.

Step 8　第三者について述べる

2 ことわざコレクション②
（賢者と愚者に関することわざ）

The fool wanders, the wise man travels.（愚者はさまよい、賢者は旅をする）というユーモラスなことわざがあります。ここでは、賢者と愚者に関することわざを集めてみました。

◆厳選例文
① A wise man changes his mind, a fool never.
賢者は考えを変えるが、愚者は決して変えない。
② Fools build houses, and wise men buy them.
愚者が家を建て、賢者がそれを買う。
③ A fool believes everything.
愚者はなんでも信じてしまう。
④ A fool may sometimes tell the truth.
愚者も時には真実を話すことがある。

CDで力試し
①賢者は考えを変えるが、愚者は決して変えない。
　A wise man c_____ his mind, a fool never.
②愚者が家を建て、賢者がそれを買う。
　Fools b_____ houses, and wise men buy them.
③愚者はなんでも信じてしまう。
　A fool b_____ everything.
④愚者も時には真実を話すことがある。
　A fool may sometimes tell the t_____.

3 ことわざコレクション③
(お金に関することわざ)

Money talks.(お金はものを言う)、Money is power.(お金は力である)ということわざがあります。ここでは、お金に関することわざを集めてみました。

◆厳選例文
① It takes money to make money.
お金を作るにはお金がいる。
② Spend as you get.
収入に応じてお金を使いなさい。
③ Too much money makes one mad.
お金を持ちすぎると人はおかしくなる。
④ He that has no money needs no purse.
お金がなければ財布は不要。

CDで力試し
①お金を作るにはお金がいる。
　It takes m_____ to make money.
②収入に応じてお金を使いなさい。
　S_____ as you get.
③お金を持ちすぎると人はおかしくなる。
　Too much money m_____ one mad.
④お金がなければ財布は不要。
　He that has no money needs no p_____.

Step 8 第三者について述べる

4 超有名人コレクション
(ピカソは、アインシュタインは……)

> 「第三者文」の典型は、超有名人を主語にした文でしょう。かつて、アメリカのレーガン大統領は、イギリスのサッチャー首相を評して、こう言ったことがあります。She is the best man in England.（彼女は英国で最も優れた"男"である）と。では、有名人の例文をご覧ください。

◆厳選例文

① Edison helped mankind by inventing the light bulb.
エジソンは電灯を発明することで人類に貢献しました。

② Einstein is famous for publishing the Theory of Relativity.
アインシュタインは相対性理論を公にしたことで有名です。

③ Picasso gained great popularity as an artist.
ピカソは芸術家として大きな人気を博しました。

④ Chaplin was an actor worshipped by his fans.
チャップリンはファンに敬愛された俳優でした。

⑤ Hemingway gained a reputation as a great writer.
ヘミングウェイは大作家として名声を得ました。

⑥ John Lennon was murdered in New York City.
ジョン・レノンはニューヨークで殺害されました。

⑦ Tom Hanks has appeared in many well-known movies.
トム・ハンクスは多くの有名な映画に出演しています。

⑧ Ichiro has maintained constant results in the Major League.
イチローはメジャーリーグでコンスタントな成績を維持しています。

CDで力試し

①エジソンは電灯を発明することで人類に貢献しました。
　Edison helped mankind by i_____ the light bulb.
②アインシュタインは相対性理論を公にしたことで有名です。
　Einstein is f_____ for publishing the Theory of Relativity.
③ピカソは芸術家として大きな人気を博しました。
　Picasso gained great p_____ as an artist.
④チャップリンはファンに敬愛された俳優でした。
　Chaplin was an a_____ worshipped by his fans.
⑤ヘミングウェイは大作家として名声を得ました。
　Hemingway gained a r_____ as a great writer.
⑥ジョン・レノンはニューヨークで殺害されました。
　John Lennon was m_____ in New York City.
⑦トム・ハンクスは多くの有名な映画に出演しています。
　Tom Hanks has a_____ in many well-known movies.
⑧イチローはメジャーリーグでコンスタントな成績を維持しています。
　Ichiro has maintained constant r_____ in the Major League.

Step 9

思う・考える

　子供の「お誕生日には何がもらえるかしら」「お友達は今ごろ学校で何をしているかしら」などの表現の延長上にあるのが、「思う・考える」という、Step 9 の段階です。

　ここでは、That ~、It ~、There ~で表す「とっさのひとこと」を始め、オーソドックスな、I think ~, I believe ~, I know ~, I wonder ~, I wish ~ を取り上げることにしました。

　次ページで、このステップで身につく厳選表現を、CD を聞きながら予習しておくことにしましょう。

Step 9 で身につく厳選表現

1. That 〜 （とっさのひとこと①）
そうかもしれない。
(　) may be.

2. It 〜 （とっさのひとこと②）
どうでもいいことだ。
(　) doesn't matter.
何もないよりはましだ。
(　) better than nothing.　→答えは It's

3. There 〜 / I think 〜
（とっさのひとこと・自分の考えや感触を述べる）
やるしかない。
(　) no choice.　→答えは There's
彼は適任だと思います。
(　)(　) he is fit for the post.

4. I believe 〜 / I know 〜
（自分の考えを述べる・〜を知っています）
彼は試合に勝つと思います。
(　)(　) he will win the game.
お気持ちはわかります。
(　)(　) how you feel.

Step 9　思う・考える

5. I wonder 〜 / I wish 〜
（何かを憶測する・実現の難しい願望を表す）
どこで財布をなくしたんだろう。
（　）（　）where I lost my purse.
もっと若ければなあ。
（　）（　）I were younger.

1 That ～
（とっさのひとこと①）

CD 69

「そうかもしれない」というとっさのひとことは、That may be. と言います。ここでは、That ～で始まるとっさに自分の考えを言う決まり文句を集めてみました。使える表現ばかりです。

◆厳選例文
① **That's** out of the question.
　ありえない。
② **That's** news to me.
　それは初耳です。
③ **That's** really something.
　たいしたもんだ。
④ **That's** a delicate question.
　それは微妙な問題だ。

CDで力試し
①ありえない。
　That's (of / the question / out).
②それは初耳です。
　That's (me / news / to).
③たいしたもんだ。
　That's (something / really).
④それは微妙な問題だ。
　That's (delicate / a / question).

Step 9 思う・考える

2 It ～
(とっさのひとこと②)

CD 70

「簡単だよ」というとっさのひとことは、It's easy. と言います。ここでは、It ～で始まるとっさに自分の考えを言う決まり文句を集めてみました。使える表現ばかりです。

実際の会話では、こんなふうに使います

A: Did you mail the letter for me?
（手紙を出しておいてくれましたか）
B: Sorry, **it** slipped my mind.
（すみません、うっかりしていました）

◆厳選例文

① **It**'s possible.
そうかもしれない。
② **It**'s reasonable to me.
筋が通っているように見える。
③ **It** doesn't matter.
どうでもいいことだ。
④ **It**'s difficult to say.
いわく言いがたし。
⑤ **It**'s hopeless.
救いようがない。
⑥ **It** doesn't bother me.
私はかまいませんよ。
⑦ **It**'s better than nothing.
何もないよりはましだ。

⑧ **It** slipped my mind.
　うっかりしていました。

CDで力試し

①そうかもしれない。
　It's p_____.
②筋が通っているように見える。
　It's (reasonable / me / to).
③どうでもいいことだ。
　It (matter / doesn't).
④いわく言いがたし。
　It's (say / to / difficult).
⑤救いようがない。
　It's h_____.
⑥私はかまいませんよ。
　It (bother / me / doesn't).
⑦何もないよりはましだ。
　It's (than / better / nothing).
⑧うっかりしていました。
　It (mind / my / slipped).

Step 9 思う・考える

3 There ～ / I think ～
(とっさのひとこと③・自分の考えや感触を述べる)

「やるしかない」というとっさのひとことは、There's no choice. と言います。ここでは、There ～で始まるとっさに自分の考えを言う決まり文句を集めてみました。
ここで学ぶもうひとつの表現は、I think ～です。Home-cooking is the best.（家庭料理がいちばんだ）だと断定した言い方ですが、I think home-cooking is the best. と言えば、あくまで自分の意見であることをあらかじめ断ったことになります。

実際の会話では、こんなふうに使います

A: I'll never succeed.
　（成功しないだろうな）
B: **There's** a chance.
　（まだ可能性はあるよ）

◆厳選例文

A　とっさのひとこと③

① **There's** no hope.
　絶望的だ。
② **There's** a chance.
　まだ可能性はあるよ。
③ **There's** nothing to it.
　たいしたことはないよ。
④ **There's** no guarantee.
　保証はないけどね。

B　自分の考えや感触を述べる

⑤ **I think** he is fit for the post.
　彼は適任だと思います。
⑥ **I think** it's worth a try.
　やってみる価値はあると思います。
⑦ **I think** it's quite the opposite.
　それはまったく反対だと思います。
⑧ **I think** the situation is getting worse.
　事態はますます悪化していると思います。

CDで力試し

A　とっさのひとこと③
①絶望的だ。
　There's (hope / no).
②まだ可能性はあるよ。
　There's a c_____.
③たいしたことはないよ。
　There's (it / nothing / to).
④保証はないけどね。
　There's (guarantee / no).

B　自分の考えや感触を述べる
⑤彼は適任だと思います。
　I think (for the post / he is / fit).
⑥やってみる価値はあると思います。
　I think (worth / a try / it's).
⑦それはまったく反対だと思います。
　I think (quite / the opposite / it's).
⑧事態はますます悪化していると思います。
　I think (getting worse / is / the situation).

Step 9 思う・考える

4 I believe ～ / I know ～
（自分の考えを述べる・～を知っています）

I believe は I think とほとんど意味は変わりませんが、I think ～ より意味が強いのが通例です。なお、③の believe in ～ は「～の存在を信じる、価値を信じる」という表現です。
ここでは、I know ～も取り上げます。「お気持ちはわかります」と言いたいとき、I know how you feel. と言います。I know ～ は「知っている、わかっている」という意味でよく使われる表現です。

実際の会話では、こんなふうに使います

A: **I believe** he will win the game.
　（彼は試合に勝つと思います）
B: It's important not to give up till the very end.
　（最後の最後まであきらめないことが大切だね）

◆厳選例文

A　自分の考えを述べる

① **I** don't **believe** in anything I can't see.
　私は、目に見えないものは何も信じません。
② **I believe** he will win the game.
　彼は試合に勝つと思います。
③ **I** don't **believe** in politics.
　私は政治を信じません。
④ **I believe** there is room for improvement in this product.
　この製品には改良の余地があると思います。

B ～を知っています、～はわかります

⑤ **I know** him by sight.
彼の顔なら知っています。

⑥ I only **know** him by name.
彼の名前だけは知っています。

⑦ I don't **know** whether this is true or not.
これが本当かどうかわかりません。

⑧ I don't **know** if another bus is coming.
バスはもう1台来るのでしょうか。

CDで力試し

A 自分の考えを述べる

①私は、目に見えないものは何も信じません。
　I don't believe (anything / in / I can't see).

②彼は試合に勝つと思います。
　I believe (the game / win / he will).

③私は政治を信じません。
　I don't believe (politics / in).

④この製品には改良の余地があると思います。
　I believe (there is / in this product / room for improvement).

B ～を知っています、～はわかります

⑤彼の顔なら知っています。
　I know (by / him / sight).

⑥彼の名前だけは知っています。
　I only know (him / name / by).

⑦これが本当かどうかわかりません。
　I don't know (this is / whether / true or not).

⑧バスはもう1台来るのでしょうか。
　I don't know (another bus / if / is coming).

Step 9 思う・考える

5 I wonder 〜 / I wish 〜
(何かを憶測する・実現の難しい願望を表す)

「どこで財布をなくしたんだろう」と言いたいときは、I wonder where I lost my purse. と言います。I wonder 〜 は「〜かしら」と不思議に思うときに、よく使う表現です。
ここでは、I wish 〜 も取り上げます。「もっと若ければなあ」と言いたいとき、I wish I were younger. と言います。実現可能なことを「希望」する I hope 〜 に対し、I wish 〜 は実現の難しい「願望」を表すときに使います。

実際の会話では、こんなふうに使います

A: **I wonder** why I am so sleepy.
(どうしてこんなに眠いのだろう)
B: You got up early this morning.
(今朝早起きしたじゃない)

◆厳選例文

A 何かを憶測する

① **I wonder** how many years it's been.
何年ぶりでしょうか。

② **I wonder** why I am so sleepy.
どうしてこんなに眠いのだろう。

③ **I wonder** if you're free tomorrow evening.
明日の晩はお暇でしょうか。

④ **I wonder** if this suit will wear well.
このスーツは長持ちしますか。

B 実現の難しい願望を表す

⑤ **I wish** I could speak English fluently.
英語がぺらぺら話せたらなあ。
⑥ **I wish** the rain would stop!
雨がやんでくれたらなあ。
⑦ **I wish** I could go with you.
できればご一緒したかったのですが。
⑧ **I wish** I could stay longer.
もっと長くいられたらいいのですが。

CDで力試し

A 何かを憶測する
①何年ぶりでしょうか。
　I wonder (years / how many / it's been).
②どうしてこんなに眠いのだろう。
　I wonder (why / so sleepy / I am).
③明日の晩はお暇でしょうか。
　I wonder (tomorrow evening / you're free / if).
④このスーツは長持ちしますか。
　I wonder (if / will wear well / this suit).

B 実現の難しい願望を表す
⑤英語がぺらぺら話せたらなあ。
　I wish (speak / English fluently / I could).
⑥雨がやんでくれたらなあ。
　I wish (would / the rain / stop)!
⑦できればご一緒したかったのですが。
　I wish (go / with you / I could).
⑧もっと長くいられたらいいのですが。
　I wish (I could / longer / stay).

Step 10

分析する・判断する

　子供の「クッキーをくれたら、おもちゃを片付けるわ！」If you give me a cookie, I put away the toys. という表現には、接続詞の if が使われています。接続詞が使えるのは、物事を分析し、頭の中で組み立てる能力が出てきた証拠です。このような子供の表現の延長上にあるのが、「分析する・判断する」という、Step 10 の段階です。

　ここでは、It's too 〜の表現、接続詞 when、before、till、if を使った表現を取り上げることにしました。接続詞を使った表現の例文では、ユーモラスなことわざを集めてご紹介します。なぜなら、ことわざは知恵のかたまり、すなわち、分析・判断の結晶だからです。

　次ページで、このステップで身につく厳選表現を、CD を聞きながら予習しておくことにしましょう。

Step10で身につく厳選表現

1. It's too ～の表現
(「～すぎる」という表現)
話がうますぎる。
( ) ( ) good to be true.

2. when を使ったことわざ集
(「～したとき、～すると」という表現)
誰もがしゃべると、聞き手がなくなる。(ことわざ)
( ) all men speak, no man hears.

3. before と till を使ったことわざ集
(「～する前に」「～するまで」という表現)
始める前に終わり(目的)をよく考えろ。(ことわざ)
Think on the end ( ) you begin.
試してみるまでは、何ができるかなどわからない。(ことわざ)
You never know what you can do ( ) you try.

4. if を使ったことわざ集
(「もしも～なら」という表現)
もしも空が落ちてきたら、ひばりを捕まえることができるだろう。(ことわざ)
( ) the sky falls, we shall catch larks.

Step 10 分析する・判断する

1 It's too ～の表現
(「～すぎる」という表現)

店で洋服を見ていて、It's too flashy. と言えば、「派手すぎるなあ」、It's too plain. と言えば、「地味すぎるなあ」というひとことです。ここでは、It's too ～ でとっさの判断を表明する仕方を学びます。

◆厳選例文

① **It's too** greasy.
　油っこいなあ。
② **It's too** salty.
　しょっぱすぎる。
③ **It's too** good to be true.
　話がうますぎる。
④ **It's too** late now.
　今さら遅いよ。

CDで力試し

①油っこいなあ。
　It's too g_____.
②しょっぱすぎる。
　It's too s_____.
③話がうますぎる。
　It's too good to be t_____.
④今さら遅いよ。
　It's too l_____ now.

2 when を使ったことわざ集
(「〜したとき、〜すると」という表現)

When all men speak, no man hears.(誰もがしゃべると、聞き手がなくなる)ということわざがあります。ここでは、接続詞 when を使った面白いことわざをご紹介します。

◆厳選例文

① **When** sorrow is asleep, wake it not.
悲しみが眠っているときは、決して起こしてはならない。
② **When** money speaks, the world is silent.
金がものを言うと、世界は黙る。
③ **When** love puts in, friendship is gone.
愛が芽生えると、友情は去っていく。
④ Love speaks, even **when** the lips are closed.
たとえ唇は閉じていても、愛は表に表れる。

CDで力試し

①悲しみが眠っているときは、決して起こしてはならない。
　When sorrow is asleep, w_____ it not.
②金がものを言うと、世界は黙る。
　When money speaks, the world is s_____.
③愛が芽生えると、友情は去っていく。
　When love puts in, f_____ is gone.
④たとえ唇は閉じていても、愛は表に表れる。
　Love speaks, even when the l_____ are closed.

Step 10 分析する・判断する

3 before と till を使ったことわざ集
(「～する前に」「～するまで」という表現)

Try your friend before you trust.（友達を信じる前に、一度は試せ）ということわざがあります。ここでは、接続詞 before と till を使った面白いことわざをご紹介します。

◆厳選例文

① Think on the end **before** you begin.
　始める前に終わり（目的）をよく考えろ。
② All things are difficult **before** they are easy.
　簡単になる前は、何事も難しい。
③ Never ask pardon **before** you are accused.
　まだ非難されてもいないのに、謝るな。
④ You never know what you can do **till** you try.
　試してみるまでは、何ができるかなどわからない。

CDで力試し

①始める前に終わり（目的）をよく考えろ。
　Think on the e_____ before you begin.
②簡単になる前は、何事も難しい。
　All things are d_____ before they are easy.
③まだ非難されてもいないのに、謝るな。
　Never ask pardon before you are a_____.
④試してみるまでは、何ができるかなどわからない。
　You never know what you can do till you t_____.

4 ifを使ったことわざ集
(「もしも〜なら」という表現)

If the sky falls, we shall catch larks.（もしも空が落ちてきたら、ひばりを捕まえることができるだろう）というユーモラスなことわざがあります。ここでは、接続詞 if を使った面白いことわざをご紹介します。

◆厳選例文

① **If** you want peace, prepare for war.
　もしも平和を望むなら、戦争に備えよ。
② **If** you run after two horses, you will catch neither.
　2頭の馬を追えば、1頭も捕まえることはできないだろう。
③ **If** you lie down with dogs, you will get up with fleas.
　犬たちと一緒に寝れば、朝起きたときには蚤だらけだろう。
④ What good is running **if** one is on the wrong road?
　もしも道が間違っていたら、走ったとて何の益があるか。

CDで力試し

①もしも平和を望むなら、戦争に備えよ。
　If you want peace, p_____ for war.
②2頭の馬を追えば、1頭も捕まえることはできないだろう。
　If you run after two horses, you will catch n_____.
③犬たちと一緒に寝れば、朝起きたときには蚤だらけだろう。
　If you l_____ down with dogs, you will get up with fleas.
④もしも道が間違っていたら、走ったとて何の益があるか。
　What good is running if one is on the w_____ road?

著者紹介
晴山陽一(はれやま・よういち)
1950年東京生まれ。早稲田大学文学部哲学科卒業後、出版社に入り、英語教材の開発を手がける。自作ソフト『大学受験1100単語』普及のため、「英単語速習講座」を主催。全国の受験生の指導にあたる。元ニュートン社ソフト開発部長。『たった100単語の英会話』シリーズをはじめ、『人生に必要な最低限の英会話』『たった10日のやり直し英語』(小社刊)、『英単語速習術』(ちくま新書)、『すごい言葉』(文春新書)、『英単語10000語チェックブック』(ダイヤモンド社)など著書多数。
〈ホームページ〉
http://y-hareyama.sakura.ne.jp

ネイティブの子供を手本にすると英語はすぐ喋れる速習CDブック

2009年11月5日 第1刷

著　者	晴　山　陽　一
発　行　者	小　澤　源　太　郎
責　任　編　集	株式会社 プライム涌光 電話　編集部　03(3203)2850
発　行　所	株式会社 青春出版社 東京都新宿区若松町12番1号　〒162-0056 振替番号　00190-7-98602 電話　営業部　03(3207)1916
印　刷　共同印刷	製　本　大口製本

万一、落丁、乱丁がありました節は、お取りかえします。
ISBN978-4-413-03733-4 C0082
Ⓒ Yoichi Hareyama 2009 Printed in Japan

本書の内容の一部あるいは全部を無断で複写(コピー)することは著作権法上認められている場合を除き、禁じられています。

青春新書インテリジェンス
晴山陽一　最強ラインナップ！

ネイティブの子供を手本にすると
英語はすぐ喋れる

英会話の意外な近道──
子供が英語を話せるようになる過程に、
すごいヒントがあった。

750円　ISBN4-413-04158-5

お願い　ページわりの関係からここでは一部の既刊本しか掲載してありません。折り込みの出版案内もご参考にご覧ください。

たった100単語の英会話
667円
ISBN4-413-04011-2

たった100単語の英会話〈海外旅行編〉
730円
ISBN4-413-04091-0

たった100単語のビジネス英会話
700円
ISBN4-413-04071-6

たった60単語の英文法
667円
ISBN4-413-04025-2

たった10日の基礎英語
700円
ISBN4-413-04053-8

英語にもっと強くなる本
730円
ISBN978-4-413-04212-3

※上記は本体価格です。（消費税が別途加算されます）
※書名コード（ISBN）は、書店へのご注文にご利用ください。書店にない場合、電話またはFax（書名・冊数・氏名・住所・電話番号を明記）でもご注文いただけます（代金引替宅急便）。商品到着時に定価＋手数料をお支払いください。〔直販係　電話03-3203-5121　Fax03-3207-0982〕
※青春出版社のホームページでも、オンラインで書籍をお買い求めいただけます。
　ぜひご利用ください。〔http://www.seishun.co.jp/〕